수업의 폭과 깊이를 더하는
성취기준 재구조화

수업의 폭과 깊이를 더하는
성취기준 재구조화

1판 1쇄 발행 2022년 12월 09일

저자 옥진엽, 김진선, 김현우, 박미연, 백준호

교정 윤혜원　**편집** 문서아
마케팅 박가영　**총괄** 신선미

펴낸곳 (주)하움출판사　**펴낸이** 문현광

이메일 haum1000@naver.com　**홈페이지** haum.kr
블로그 blog.naver.com/haum1000　**인스타그램** @haum1007

ISBN 979-11-6440-235-9 03370

수업의 폭과 깊이를 더하는

성취기준
재구조화

성취 기준에 **색**을 입히다

HAUM
하움출판사

목차 ○ △

책의 집필진이 처음 만난 게 어느덧 3년 전이다. 도교육청 초등 교육과정 편성·운영 지침과 장학자료 위원으로 함께했던 1년이 지금의 인연으로 이어졌다. 몇 년간 학교 밖 전문적 학습공동체로 연구 활동을 이어오다 그 결실을 드디어 맺게 된 것이다. 창원, 김해, 통영, 거제 서로 다른 지역에 거주하지만 한 달에 한 번 정도 만나 좋은 수업에 대한 고민을 이 책에 담았다. 이 책이 빼어난 문장력과 폭넓고 깊이 있는 교육학적 식견을 제공하진 못하지만, 현장 교사들의 자발적 연구와 고민을 정리한 내용이니 완성도를 떠나 그 자체로 충분히 가치 있다 생각한다.

학교 현장에서 국가 수준의 성취기준은 일종의 불가침 영역이었다. 성취기준만큼은 교사가 비판할 수 없는 영역이었고 그저 받아들이고 수용해야 할 일방적인 대상이었다. 하지만 코로나19 이후 학교생활기록부 작성 및 기재요령에 제시된 '성취기준 재구조화'가 교육부 장학자료로 보급되면서 제한된 학습 환경을 극복하는 데 적극적으로 활용되기 시작했다. 견고한 성취기준에 균열이 일어나는 순간이었다.

성취기준 재구조화는 교사의 교육과정 편성 운영의 결정권과 전문성을 확장하는 데 효과적으로 기여한다. 무엇을 가르치고 배우는지에 대한 기준이 되는 성취기준에 우리 반 아이들의 성취도, 흥미, 진로, 학습 환경 등의 빛깔을 입혀 아이들의 삶과 연계된 최적의 수업을 설계할 수 있는 실제적인 기준과 방향을 제시할 수 있기 때문이다.

책을 출간하는 시점에 한편으로 걱정스럽기도 하다. 책의 의도를 오해하거나 단편적으로 이해하여 국가 수준의 성취기준을 교사 임의대로 취사선택하거나 성취기준이 갖는 본래 의미를 훼손하며 변형시키는 실수를 하지는 않을까 하고 말이다. 하지만 실천과 적용의 과정에서 실수와 오류가 있을 수 있다 하더라도 성취기준 재구조화가 갖는 교사의 전문성과 자율성, 책임과 권한의 중요성을 고려할 때 성취기준 재구조화의 개념은 학교 현장에서 지금보다 널리 보급될 필요가 있음을 확신한다.

이제 곧 2022 개정 교육과정이 적용된다. 학교와 교사의 자율성 확대를 중점 과제로 '학교 자율 과목'이 신설될 것이다. 학교 자율 과목을 편성 운영하려면 교사가 성취기준을 개발하여 적용하는 수준까지 도달해야 하는데, 향후 성취기준 재구조화는 그 중간 단계로서 의미와 가치가 더욱 빛을 발하리라 생각한다.

2022. 07. 14.

저자 일동

대흥초 교장 **강정**

성취기준에 대한 단순한 이해를 넘어서 재구조화를 할 수 있다면 교사의 교육과정 전문성은 한층 더 탄력을 받을 수 있다. 가르쳐야 할 내용에 대한 완벽한 이해에 기반한 교사 교육과정 설계는 실천을 위한 체계적인 계획으로서 전혀 부족함이 없기 때문이다. 2022 개정 교육과정에서도 지식·이해, 과정·기능, 가치·태도의 교과 역량을 성취기준에 담아내어 역량 중심 교육을 위해서는 성취기준에 대한 이해가 무엇보다도 중요하게 되었다.

경상남도교육과정편성운영지침 집필 위원의 인연을 '알쓸신나' 연구회라는 배움의 인연으로 이어가면서 전문성 신장을 위해 노력하고 나누기를 위해 힘쓰고 계시는 다섯 분의 선생님께 감사와 경의를 표한다. 그리고 그 결과물인《수업의 폭과 깊이를 더해 주는 성취기준 재구조화》는 교사 교육과정을 운영하는 모든 선생님에게 큰 힘이 될 것으로 확신한다.

경상남도교육청 장학관 **김성미**

여기 오래된 질문과 현재진행형인 대답이 있다.

'각자의 특성을 가진 학생에게 평균적이고 표준적인 교육과정을 적용해도 될까?'

'아이들을 직접 가르치는 교사가 교육과정 편성·운영의 중심이 되어야 하지 않을까?'

이 오래된 질문에 대한 현재진행형인 대답이 이 책에 담겨 있다. 우리 아이들에게 필요한 배움, 삶의 힘이 되는 배움을 '성취기준 재구조화'에서 찾아가는 과정을 읽으면서 '선생님이 수업 전문가'라는 지극히 상식적이면서도 특별한 명제를 떠올리게 된다.

이 책이 3여 년의 학교 밖 전문적 학습공동체의 결과물이어서 더 의미 있게 다가온다. 모든 선생님의 교육과정을 응원한다.

의령교육지원청 장학사 **문남곤**

코로나19를 통해 우리는 미래 교육의 방향이라고 생각했던 새로운 기술을 이용한 교육의 문제점을 알게 되면서 만남을 통해 이루어지는 교육의 가치를 재발견할 수 있었다. 그리고 아이들을 위한 교사들의 헌신을 확인할 수 있었고, 교육에 있어서 교사의 역량이 얼마나 중요한지도 알게 되었다. 마지막으로 학생들의 개별성, 다양성과 학교의 자율성이 강조되면서 교육과정의 재구성을 넘어서 성취기준을 재구조화할 수 있는 길이 열리게 되었다. 성취기준 재구조화는 교육의 가치를 높이고, 교사가 전문성을 발휘할 기회이면서 그만큼 책임이 따르는 것이다. 여기 조금 먼저, 그리고 깊이, 성취기준 재구조화에 대해 고민한 저자들의 책을 통해 우리는 책임감 있게 전문성을 펼칠 수 있는 성취기준 재구조화의 길을 안내받을 수 있을 것이다.

계룡초 교사 **이지은**

성취기준 재구조화를 교육 현장에서 어떻게 실현할 수 있는지 구체적인 사례를 통해 방향을 안내하는 나침판 같은 책이다. 빠르게 변화하는 교육 현장에서 '더하기', '빼기', '곱하기', '나누기'의 방법을 활용한 성취기준 재구조화를 통해 개별 학생들에게 더욱 가치 있고, 의미 있는 수업이 이루어질 것으로 기대된다.

사등초 교사 **이희윤**

성취기준 재구조화는 왜 필요할까?

성취기준 이해와 재구조화의 길잡이가 되는 이 책은 성취기준 재구조화가 교실 안 수업에서 강력한 힘을 가질 수 있다는 증명으로 다양한 실천 유형 및 과정과 수업 설계 사례를 보여준다. 그리고 이를 통하여 학생들에게 어떻게 학습 동기를 부여하면 좋을지 교사 고민 해결의 실마리를 제공한다.

다양한 유형별 사례들은 유용한 지침서가 될 것이다. 현장에서 더 나은 수업을 위해 고민하는 교사에게 선선한 가을바람 같은 책이 되어 주길 바란다.

교육과정 재구성과 성취기준 재구조화는 무엇이 다른가요?

　현재 학교 현장에서는 교육과정 재구성이 활발하게 실천되고 있다. 표준화된 국가 수준 교육과정에 학생, 교사, 지역의 다양성을 담기 위해 교육과정 재구성은 선택이 아닌 필수가 된 지 오래다. 교육과정 재구성과 성취기준 재구조화는 학생과 교사의 다양성과 특수성을 인정하며 수업의 목표, 내용, 방법 등을 적극적으로 바꾼다는 측면에서는 공통점을 갖는다.

　하지만 교육과정 재구성은 사실 '교과서 재구성'의 의미에 머무르는 경우가 많다. 이미 완성된 교과서의 내용을 부분적으로 수정하는 형태를 '교육과정 재구성'이라 부른 것이다. 하지만 성취기준 재구조화는 국가 수준 교육과정에서 제시된 성취기준을 수정·변형하는 형태로 이루어진다. 즉, 교육과정 재구성보다 적극적이고 확대된 형태로서 실질적인 교육과정 개발자로서의 교사 역할을 강화한다. 국가가 가지고 있었던 교육과정 의사결정 권한을 점차 지역, 학교, 교사로 이양하는 교육과정 자율화

정책과 흐름을 같이 한다고 볼 수 있다. 이러한 변화의 큰 흐름 속에서 코로나19 상황과 맞물리며 성취기준 재구조화의 필요성은 더욱 주목받기 시작했다.

지금부터는 교육과정 재구성과 성취기준 재구조화의 차이를 더 자세히 살펴보자.

교육과정 재구성이란?

다양한 교육적 요구와 개별적인 능력 차에 따른 아동의 특성에 따라 교육과정 내용과 교수 방법을 바꾸는 것(권주석 외, 2008).

국가, 지역, 학교 수준의 교육계획, 교육 내용, 교육방법 등을 교실에서 실행하기 전 또는 실행 중에 변경 또는 변형하는 구성적이고 해석적인 활동(강현석 외, 2012)

국가 교육과정의 목표를 효과적으로 달성하기 위해 단위학교의 교사가 교육과정 및 교과서의 교육 내용과 교육 활동을 교실 상황에 적절하게 변형하는 계획과 행위(박일수, 2013)

위 내용을 바탕으로 교육과정 재구성은 '이미 구성되어 있는 성취기준을 교사가 효율적으로 가르치기 위해 교육 환경과 학생의 특성에 맞게 교육과정을 수정하고 변형하는 교육 행위'라 할 수 있다.

성취기준이란?

성취기준이란, 학생들이 교과를 통해 배워야 할 내용과 이를 통해 수업 후 할 수 있거나 할 수 있기를 기대하는 능력을 결합하여 나타낸 수업 활동의 기준을 의미한다. 성취기준은 교수·학습 및 평가의 실질적인 근거로 교사가 무엇을 가르치고 평가해야 하는지, 학생이 무엇을 학습하고 성취해야 하는지에 관한 실질적인 지침이 된다.

출처: 학생평가 지원포털 성취기준 자료실

성취기준 재구조화란?

'성취기준의 재구조화'는 교육과정 성취기준을 실제 평가의 상황에서 준거로 사용하기에 적합하도록 보다 구체적이고 명료하게 하는 것을 의미한다. 다만, 성취기준을 통합하거나 일부 내용을 압축하여 재구조화할 경우, 성취기준의 내용 요소 일부가 임의로 삭제되지 않도록 유의해야 하며, 일부 내용 요소를 추가해야 하는 경우에는 학생의 학습 및 평가 부담이 가중되지 않도록 학년(군), 학교급 및 교과(군) 간의 연계성을 충분히 고려해야 한다.

출처: 2022학년도 학교생활기록부 기재요령 88쪽

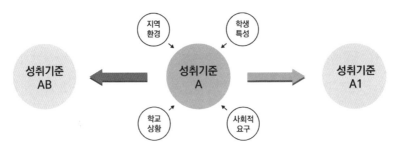

〈성취기준 재구조화〉

이에 비해 성취기준 재구조화는 '실제 수업과 평가의 상황에 준거로 사용할 수 있도록 성취기준 자체를 통합, 압축, 명료화, 구체화하는 것'을 의미한다. 학교 생활기록부 기재 요령에는 '실제 평가의 상황에서'라고 진술되어 있지만, 과정중심평가의 관점에서 생각해 보면, 수업 상황과 평가 상황은 별개로 구분되어 있지 않고 성취기준을 중심으로 하나로 연결된다. 그러므로 기술된 평가 상황은 '수업과 평가의 상황'으로 해석하는 것이 적절할 것이다. 또한 교육부(2019)에서 보급한 『코로나19 대응을 위한 교육과정 운영 예시자료집』에서도 성취기준 재구조화는 단순히 평가의 상황을 넘어 수업 설계 상황으로 적극적으로 확장되어 있음을 확인할 수 있다.

사실 현장 교사들이 실천하고 있는 프로젝트형 재구성이나 역량 중심 재구성은 '교육과정 재구성'을 넘어 성취기준 재구조화의 기초 위에 수업이 이루어지고 있다. 이러한 까닭에 성취기준 재구조화와 현 교육과정 재구성은 상당 부분 유사한 개념으로 인식될 수도 있겠다.

교육과정 재구성에서도 국가에서 제시한 성취기준을 통합하고 연결하여 학생의 앎과 삶을 담아내지만, 아직은 성취기준 재구조화에 대한 이론과 실천 사례가 드물다 보니 기존 성취기준을 단순히 빌려오게 된다. 비유하자면 수업이라는 한 편의 이야기를 완성한 후 적절한 목차와 제목을 억지로 맞춰 넣는 식이다. 즉 수업이 설계된 후 관련된 성취기준이 거꾸로 맞추어지는 형태다. 또는 교육과정 재구성 전 성취기준이 미리 선정되지만 '관련' 성취기준의 나열일 뿐, 성취기준이 재구성의 방향키 역할을 제대로 하지 못하고 단순히 자리를 차지하고 있는 경우도 흔하다.

하지만 성취기준 재구조화는 교사에게 성취기준 수정, 개발의 자율성과 가능성을 열어주었다. 기존 교육과정 재구성은 국가에서 제시한 성취기준과 교과서의 제한된 울타리에서 더 나은 수업을 위한 시도였다면, 성취기준 재구조화는 교육 내용과 방법의 측면에서 보다 실질적인 성취기준 구성과 실천의 권한이 교사에게 확장된 것이라 볼 수 있다.

재구조화된 성취기준 위에 수업을 설계할 때는 '성취기준을 벗어나지는 않을까?'라는 걱정에서 비교적 자유로워진다. 교사의 의도와 학생의 요구, 흥미를 국가 수준의 성취기준에 덧입혀 성취기준 자체를 구성한 후 수업을 설계하기 때문이다. 성취기준 재구조화는 현재 실천되고 있는 교육과정 재구성의 더욱 공고한 이론적 기반을 제공하고 실천 반경을 넓혀 줄 계기가 될 수 있다.

이 책에서는 앞서 다룬 교육과정 재구성과의 차이와 기존 정의를 바탕으로 성취기준 재구조화의 의미와 역할을 아래와 같이 정리한다.

성취기준 재구조화는 교육과정 성취기준을 기초로 학생의 개별성과 다양성, 학교의 특수성과 교육 환경 등을 고려하여 실제 수업과 평가 상황에 최적화된 성취기준을 수정·변형하거나 개발하는 것을 의미한다.

2

성취기준 재구조화,
꼭 필요한가요?

 학습량을 줄여 여유 공간 만들기

교육과정이 개정될 때마다 부각되는 특징 중 하나는 '학습량 감축'이다. 최근 수시 개정만 살펴보더라도 지속해서 성취기준 덜어내기와 통합하기를 통해 학습량을 줄여왔다. 하지만 학습 내용 감축 대비 현장 체감도가 낮은 이유는 무엇일까?

성취기준 수는 개정 때마다 줄어들고 있지만, 교과서 차시 수업 내용은 많이 줄지 않기 때문이다. 다수의 학급에서 교과서를 중심으로 수업을 전개하고 있으며 참고 자료 또는 보조 자료로 풍성하게 개발된 교과서를 따라 수업하다 보면 성취기준 감축을 체감하기 힘들다. 현장에서 실질적으로 학습 내용을 감축하기 위해서는 교과서 기반의 수업이 아닌 성취기준 기반 수업이 필수다.

가끔 국가에서 만들어준 성취기준도 많다는 생각이 든다. 막상 수업을 하다 보면 매년 교과별로 가르쳐야 할 성취기준도 매우 세분화되어 있고 교과별 진술 방식도 다르며 중복되는 내용도 있다. 따라서 학습량 경감을 통한 질 높은 수업을 위해서는 교과서를 벗어나 성취기준 자체를 교사의 실제적인 교육 활동에 맞게 분할, 압축, 통합, 명료화, 세분화할 필요가 있는 것이다.

이렇게 국가에서 제시한 성취기준 자체를 통합하고 압축하여 확보한 여유 공간에는 더욱 가치 있고 의미 있는 교육 활동으로 채워야 하는데 이는 흔히 미래 교육, 역량 교육을 의미한다. 학습자 주도 교육, 학생 맞춤형 교육, 진로 탐색형 교육, 역량 기반 교육 등을 여유 공간에 채워야 한다. 이를 위해서는 성취기준 재구조화가 필요하다.

✎ 제한된 교육 환경 극복하기

국가 수준에서 제시된 성취기준 중 일부는 특정 상황, 학교와 지역 사회, 학습자의 특성을 고려할 때 도달하기 어려운 것들이 있다. 예컨대 감염병 등으로 직접 등교가 어려워 실험을 할 수 없거나 모둠·협력 활동이 제한되는 경우다. 특히 체육, 과학 등 실험 실습 중심의 교과는 비대면 수업에서 성취기준이 의도한 목표까지 도달하는 데 어려움이 있었다.

현 상황에서 도달이 어려운 성취기준은 현재 상황에 적합하게 수정·발전된다. 현 상황에 적합하게 수정된다는 의미는 달리 표현하자면 학생들이 처한 삶과 상황을 담아내는 것이다. 현재의 학습 상황(학생들의 삶)과 괴리된 성취기준을 학생들이 처한 삶과 학습 환경에 맞춰 수정하는 것이 바로 성취기준 재구조화다.

✎ 미래 교육과정 그리기

2022 개정 교육과정은 학습자의 개별성과 다양성을 적극적으로 확보하는 방향으로 개정된다. 학습자의 성취도, 진로, 흥미, 역량에 맞춰 한 명의 아이도 배움에 소외되지 않도록 배려하는 교육을 위해 성취기준 재구조화는 필요하다.

학생의 개별성과 다양성을 위한 전제조건은 학생의 학습 선택권이다. 학생의 배움 속도에 맞는 활동, 진로와 흥미를 고려한 프로젝트 학습 등을 위해 여유 있는 시간 확보가 필요하며 이는 성취기준 재구조화를 통해 가능하다. 또한, 시간 확보를 넘어 학습자가 선택한 학습 목표에 맞춰 성취기준을 개발하고 적용할 수도 있다. 국가에서 제시한 표준화된 성취기준에 학습자를 맞추는 것이 아니라 학생의 목표, 흥미, 진로 등에 성취기준을 맞출 때 미래교육의 실제적인 실현과 가능성이 열릴 수 있을 것이다.

또한 AI, 빅데이터, 디지털 기반 학습, 메타버스 등 에듀테크의 발달은 교육의 변화를 촉진한다. 이러한 변화를 수업에서 유연하고 풍부하게 수용하기 위해서는 기존 성취기준을 그대로 적용하기보다 급속도로 변화하는 사회의 모습을 수용하고 수업 상황에서 적절하게 적용할 수 있어야 한다. 이는 국가 수준의 표준화된 성취기준을 넘어 교사 수준의 유연한 성취기준 재구조화가 필요함을 의미한다.

✎ 교사의 교육과정 전문성 기르기

교사의 전문성은 자율성을 담보로 인정받는다. 누군가 만들어준 내용의 틀과 범위 안에서 전달하는 역할을 하는 사람은 전문가로 인정받기 어렵다. 자신의 철학, 역량, 가치가 실천 과정에서 제한되거나 배제되기 때문이다.

성취기준 재구조화는 교사의 전문성과 자율성을 높인다. 교육과정 개발자로서 효과적인 수업 방법 연구에서 나아가 교육 내용을 구성하고 우리반 아이들에게 가장 최적의 수업을 적용할 수 있어야 한다. 이는 교사에 의한 성취기준 재구조화를 통해 가능하다. 이를 위해 성취기준을 개발하여 적용할 수 있는 권한과 책임이 교사에게 주어져야 한다.

✎ 교육공동체의 요구를 수업에 녹여내기

학교 자치, 교육 자치 시대에 학교는 다양한 구성원의 의견을 담아낼 수 있어야 한다. 학교의 비전, 중점 교육 활동 등을 함께 만들어갈 수 있는 넉넉함이 있어야 하고, 교육공동체의 생각과 의견에 귀 기울여야 한다. 교육공동체가 함께 만든 교육과정은 결국 교실에서 교사의 수업을 통해 가르치고 배울 수 있다. 국가에서 제시한 성취기준과 교육공동체의 의견이 어우러져 학습의 목표와 내용이 결정되고 이를 성취기준에 담아낸다면 진정한 의미의 학교 자치가 가능해지는 것이라 생각한다. 이 과정에서 성취기준은 교육공동체의 요구를 담아 재구조화되어 수업에서 학생들과 만난다.

성취기준 재구조화 실천 유형은
어떤 것이 있나요?

최근 밀키트가 유행이다. 밀키트를 활용하면 간단한 요리를 위한 식자재 구매와 손질에 걸리는 많은 시간을 줄일 수 있기 때문이다. 어디서나 쉽게 구매할 수 있고 간단히 조리한 후 식탁 위로 올라가는 밀키트는 한 끼 식사의 훌륭한 대안이다. 하지만 밀키트는 구매자의 취향을 섬세하게 배려할 수 없는 보편적인 식단이라는 약점도 함께 안고 있다.

밀키트의 이러한 속성은 국가 수준의 성취기준에 비유할 수 있다.

밀키트 = 국가 수준 성취기준

된장찌개 밀키트를 살펴보자. 된장찌개 밀키트에는 된장, 버섯, 파, 고추, 두부, 차돌박이가 포함되어 있다. 이들 각각의 낱개로 포장된 재료를 종합하여 조리하면 차돌박이 된장찌개가 완성된다.

매콤한 맛을 좋아하는 소비자는 기존 된장찌개 밀키트에 청양고추를 추가하면 된다. 또한 평소 감자를 좋아하는 경우 감자를 넣어 된장찌개를 만들수도 있으며 해안 지방에서는 해산물을 이용한 된장찌개로 영양 성분을 보충할 수도 있을 것이다.

반면 매콤한 맛을 싫어하는 소비자는 고추의 양을 줄이거나 물의 양을 늘려 맵지 않게 조리할 수 있다. 또한 버섯 알레르기가 있는 사람은 버섯을 제외한 재료로 조리할 수도 있다.

성취기준도 이와 같아서 학생 특성, 진로, 흥미, 학습 환경 등 개별 학습자와 수업 환경에 따라 성취기준의 지식, 기능, 가치, 태도에 변화를 줄 수 있다. 우리는 이를 성취기준 재구조화라 부른다.

단, 여기서 주의할 점은 된장찌개 밀키트에서 된장을 제외하고는 된장찌개라 할 수 없는 것처럼 성취기준을 재구조화할 때에도 된장찌개의 된장과 같이 필수적으로 포함되어야 하는 내용이 있다. 바로 국가 수준 교육과정의 내용체계 표상 '내용 요소'이다. 이에 대한 자세한 내용은 11장에서 상세히 다루고 있다.

밀키트의 재료를 바꾸어가며 새로운 형태의 요리를 만들어내는 방법이 다양한 것처럼 성취기준을 재구조화하는 데도 몇 가지 실천 유형이 존재

한다.

성취기준 재구조화 실천 유형의 기초가 되는 것은 2021년 교육부에서 발간한 학년군별 교육과정 재구성 자료집이다. 교육부 자료에서 제시하고 있는 성취기준 재구조화는 유지, 통합, 재조정 3가지 유형이 있다.

이 책에서는 교육부에서 제시하고 있는 3가지 유형을 재구성하여 더하기, 빼기, 곱하기, 나누기의 4가지 유형으로 제시하였다. 이는 교실 수업 상황의 다양한 형태에서 적용하는 편의성을 제공하기 위함은 물론 성취기준 재구조화의 방법을 분명히 하여 더욱 활용도를 높이고자 했기 때문이다.

성취기준의 재구조화는 목적, 의도, 구성 방법에 따라 더하기(+), 빼기(-), 곱하기(×), 나누기(÷)의 실천 유형으로 나눠볼 수 있다. 이는 규범적인 형태라기보다 수업 실천 과정에서 유사한 범주를 유목화하여 직관적으로 이해하기 쉽게 제시한 것임을 밝힌다. 성취기준 재구조화의 과정에서는 다양한 학습 요소를 복합적으로 고려해야 하며, 특히 '교사의 의도'가 중요한 비중을 차지한다. 더불어 학생 특성, 진로, 흥미, 학습 환경도 고려해야 한다. 이와 같은 요소를 바탕으로 성취기준을 재구조화하여 수업을 구성하면 수업의 완성도와 배움의 질을 높일 수 있다.

더하기(+), 빼기(-), 곱하기(×), 나누기(÷)의 4가지 유형별 성취기준 재구조화의 의미는 다음과 같다.

〈 성취기준 재구조화 유형 〉

더하기(+)의 유형은 성취기준을 단순 연결하거나, 학습 요소를 일부 추가하는 방법이다. 나의 취향, 식성 등을 고려하여 밀키트에 다른 요소를 추가하는 것과 같다. 밀키트에 좋아하는 재료를 추가하거나 다른 밀키트와 함께 먹으며 내 입맛에 맞는 한 끼 식사를 완성하는 것과 같다.

빼기(−)의 유형은 주변 상황이나 학습자를 고려하여 일부 학습 요소를 덜어내거나 대체하는 방법이다. 밀키트의 구성 요소 중 일부 재료를 덜어내어 요리를 완성하는

것에 비유할 수 있다. 구성된 밀키트 식자재에서 사용자가 매운 것을 싫어하거나 알레르기가 있다면 고춧가루나 특정 재료 등을 빼고 요리할 수 있다.

곱하기 유형은 기존 성취기준을 적극적으로 변형하여 배움에 최적화된 새로운 성취기준을 구성하는 방법이다. 기존 밀키트에 냉장고 속의 다른 식자재나 양념을 활용하거나 캠핑이나 파티처럼 다양한 상황에서는 새로운 요리를 시도해볼 수 있다. 상황에 적절한 새로운 형태의 요리를 만들어내는 과정은 곱하기 유형과 유사하다. 제시된 성취기준을 융합하거나 통합하고, 확장하여 적극적인 성취기준 재구조화를 할 수 있다.

나누기(÷)의 유형은 성취기준 자체의 내용을 분할하거나, 압축하는 방법이다. 가끔 밀키트를 한 번에 소비하기 힘들 때도 있다. 만약 그렇다면 자연스럽게 재료를 분할하여 두 번에 걸쳐서 요리하거나, 한 번에 요리하되 아침과 저녁에 걸쳐 나눠 먹을 수도 있을 것이다. 이와 유사하게 성취기준도 두 개로 분할하여 수업하거나 다양한 지도 요소를 압축하여 핵심만 다룰 수 있다.

끝으로 네 가지 실천 유형을 재구조화가 이루어지는 사고의 절차에 따라 구분하자면, '빼기, 나누기'는 기존 성취기준을 덜어내는 과정이, '더하기와 곱하기'는 성취기준을 연결하거나 확장하는 과정이 먼저 이루어진다. 또한, 교사의 전문성이 발휘되는 정도에 따라 '더하기, 빼기, 나누기'는 기존 성취기준을 최대한 그대로 둔 채 부분적으로 수정·변형하는 소극적인 형태라면 '곱하기'는 최소한의 내용 요소만 남겨둔 채 교사의 의도에 맞추어 개발, 확장하는 적극적인 형태라 볼 수 있다.

✎ 성취기준 재구조화 시 사고의 절차에 따라

기존 성취기준을 덜어내는 과정에서 출발하는	→	빼기, 나누기
기존 성취기준을 연결하고 확장하는 과정에서 출발하는	→	더하기, 곱하기

✎ 교사의 전문성이 발휘되는 정도에 따라

기존 성취기준을 부분적으로 수정·변형하는 소극적인 형태	→	더하기, 빼기, 나누기
기존 성취기준을 적극적으로 개발·확장하는 적극적인 형태	→	곱하기

성취기준 재구조화는 수업에서
어떤 의미가 있나요?

수업 상황에서의 내비게이션

 차시 수업에서 재구조화된 성취기준은 학생들의 배움을 위한 유의미한 '목적지' 또는 '과정'으로 기능한다. 재구조화된 성취기준이 서로 유기적으로 관련지으며 단위 수업의 학습 목표에 방향성을 제시하기 때문이다. 이때 재구조화된 성취기준은 개별화된 수업의 내비게이션과 같다.

 내비게이션은 여행자에게 최적화된 방법으로 목적지에 도착할 수 있게 한다. 주변의 교통상황이나 시간 등에 따라 다양한 경로를 제공하면, 여행자는 필요와 목적을 고려하여 최적화된 경로를 선택한다. 이처럼 재구조화된 성취기준도 교사, 학생의 상황과 교실 환경을 고려하여 학생의 삶이 반영된 개별화된 지향점에 도달하도록 한다.

단원 간 재구성에서 튼튼한 고리

재구조화된 성취기준은 단원과 단원을 연결하기 위한 튼튼한 연결고리 역할을 한다. 일반적 수업 상황에서는 유사한 성취기준으로 개발된 단원을 중심으로 단원 간 재구성이 이루어져 왔다. 지금까지 두 개의 성취기준을 그대로 둔 채 학습 활동을 중심으로 통합해 온 것이다.

성취기준 재구조화를 활용한 수업은 성취기준을 압축하거나 통합하여 하나로 재구조화한다. 이를 통해 단위 수업을 더욱 적극적으로 재구성할 수 있다. 서로 다른 목표와 의도로 개발된 단원들도 성취기준 재구조화를 통해 긴밀하게 하나로 연결된 수업으로 개발할 수 있다.

수업 상황에서의 중심축 역할

성취기준은 교과 간 경계를 허물고 통합적인 수업을 전개하는 주제 중심 수업에서 실질적인 기준과 중심축 역할을 했다. 기존 역할을 더욱 강화하고 학생과 교사의 생각이 수업에 더욱 분명하게 반영되기 위해서는 성취기준을 재구조화할 필요가 있다. 주제 중심 수업을 위한 교육과정 재구성이 더 많은 자율성과 내용의 체계를 갖추기 위해서는 기존 국가 교육과정에서 제시한 성취기준을 재구조화해야 한다.

주제 중심 수업을 위한 성취기준 재구조화는 학생들의 의견, 교사의 생각, 학부모와 학교의 요구 등이 비교적 다양한 형태로 자유롭게 반영될 수 있다. 또한, 수업을 전개하는 과정에서 수업의 방향은 처음 목표로 했던 부분에서 수정·발전되기도 한다. 이러한 과정에 대처하기 위해서는 유연함과 동시에 흔들리지 않는 명확한 기준이 있어야 한다.

수업의 과정에서 수정·발전하는 유연함도, 수업의 방향과 기준을 명확하게 잡는 것도 바로 성취기준 재구조화를 통해 가능하다. 성취기준 재구조화로 한 번에 두 마리 토끼를 동시에 잡을 수 있는 것이다.

수업 성장의 촉진

　교과서 중심의 수업이나 기존의 수업 실천 사례를 그대로 적용하는 경우, 성취기준 재구조화가 필요하지 않을 수 있다. 하지만 우리 반 아이들한 명 한 명의 빛깔을 수업의 목표, 내용, 방법, 평가 등에 담아내기 위해서는 어떠한 형태로든 성취기준의 재구조화는 필요하다. 현재 수업 상황에 대한 불만족과 더 나은 수업을 향한 갈증은 성취기준 재구조화로 해소될 것이다.

　예컨대 '온책읽기' 수업을 희망하는 담임 교사와 학생들이 있다. 아동문학에 관심이 많은 교사는 동화를 중심으로 긴 호흡의 수업으로 재구성하여 실천하려 하고 있다. 이미 수업의 핵심 제재인 동화(텍스트)는 학생들과 함께 의논하여 선정하였고, 이후 본격적인 설계를 위해 국어 교과서 1학기 성취기준을 분석해보니 직접적으로 연계되는 내용이 없어 동화 고유의 내용을 살려 깊이 있는 수업으로 다루기에는 만족스럽지 않았다. 이경우, 성취기준의 내용 요소와 학습 요소를 살리되, 자신의 학급에 적합한 성취기준 재구조화로 해결할 수 있다.

　또 국어과를 넘어 미술, 음악 교과 등과 통합하고자 하였다. 책을 깊이

읽는 활동 외에도 체험활동을 통해 책에서 나온 장소를 직접 가보고, 그 속에서 인물을 간접 경험하는 활동도 추가한다. 작품과 현실을 비교하여 인물의 마음과 행동을 이해하고, 생각하고 느낀 것을 창의적으로 표현해 보는 활동을 전개하고자 하였다. 교사는 이런 의도가 적용된 실제 수업에서 각 교과의 성취기준을 고려하여 하나의 학습 목표와 통합된 활동을 전개하였다. 그러나, 정작 설계과정에서는 교과 간 커다란 장벽에 가로막혀 관련된 각 교과의 성취기준을 연결하려는 시도조차 하지 못했다. 그러다 보니 관련된 성취기준의 개수가 너무 많아 오히려 혼란스러운 생각이 들었다. 이 경우에도 '온책읽기' 수업 의도에 적절한 국어, 음악, 미술 교과 성취기준을 재구조화한 '온책읽기'를 위한 '맞춤형 성취기준'이 필요한 것이다.

단위 수업에서 나아가야 할 목적지는 '학습 목표' 도달이다. 그러나 이러한 학습 목표 즉, 실질적인 교수·학습과 평가의 기준이 되는 것은 성취기준이다. 하지만 이러한 성취기준 역시 전국 모든 학교에 표준화된 형태로 적용되기에 우리 반 아이들과 교실 상황, 그리고 학생들과 내가 함께 계획하고 실천하고자 하는 수업에 적합한 도달 기준인지에 대한 고민이 필요하다. 즉, 교실 상황에 맞는 성취기준으로 재구조화하여 현장에 적용될 필요가 생기게 되었다. 수업의 한계를 넘어, 더 나은 성장을 위해서 성취기준 재구조화가 필수적이다.

학생 주도 교육과정에서
성취기준 재구조화는 어떤 역할을 하나요?

'핵심 역량'은 공교육을 통해 길러야 할 목표로 자리 잡았다. 역량은 지식, 기능, 태도와 가치를 동원하는 능력이자 총체적 개념으로 'DeSeCo 프로젝트'로부터 시작되었다. 이 프로젝트의 연장선상에서 이루어진 'OECD 교육 2030'의 학습나침반은 현재의 청소년들이 2030년 무렵 필요할 것으로 예상되는 삶과 세계를 헤쳐나가기 위한 세 가지 역량을 제시하였다.

사회를 변화시키는 힘을 강조하며 청소년이 개발해야 한다는 변혁적 역량으로 부르는 이 역량은 급변하는 미래 사회에서 새로운 가치를 창출하고 사회적 갈등이나 쟁점을 해결하고 책임을 이행할 수 있는 능력이다. OECD 교육 2030은 변혁적 역량과 함께 학생의 행위의 주체성을 강조하고 있다.[1]

· · · ·

1) OECD, 2018, The Future We Want. The Future of Education and Skills: Education 2030

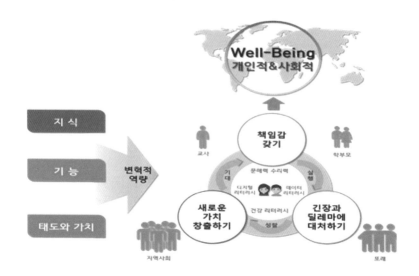

OECD 교육 2030: 미래 교육과 역량 (OECD Education 2030: The Future of Education and Skills)

행위의 주체성은 학습자의 주도성을 기반으로 강화되는 것으로 '2022 개정 교육과정'에서는 학습자 주도성을 강조하며, 개정 중점으로 학습자 주도성을 아래와 같이 제시하고 있다.

■ **학습자의 삶과 성장을 지원하는 맞춤형 교육과정**

• 학습자 스스로 목적의식을 가지고 **자신의 진로와 적성을 바탕**으로 무엇을 어떻게 배울지 **주도적으로 교육과정을 설계**할 수 있도록 지원

　── 〈 학습자 주도성 〉 ──────────────────
　학습자가 자신의 삶과 학습을 주도적으로 설계하고 구성하는 능력으로, 미래 사회에 변화의 주체가 될 수 있도록 하는 것을 강조

불확실성이 가득한 미래에서 학습자는 기초 기본 지식과 학습을 바탕으로 실생활 문제를 해결할 수 있어야 한다. 이를 위해서 꼭 갖추어야 할 역량은 배움의 주체성과 학습의 주도성이다. 빠르게 변화하고 복잡한 문제 상황이 넘쳐나는 세상에서 학습자는 스스로 학습하는 역량과 태도를 갖추어야 한다. 고정된 지식을 단순히 암기하는 수업과 학습은 더 이상 설자리가 없어지고 있다. 기초 기본 지식과 학습을 바탕으로 실생활 문제를 해결할 힘을 갖추는 것이 강조되고 있다. 이러한 변화의 흐름과 학습자 주도성은 일치한다.

학습자가 주도적으로 학습하기 위해 무엇이 필요하다고 생각하는가? 멀리서 찾을 필요가 없다. 당장 내 교실 수업과 경험을 되돌아보면 실마리가 보인다. 교실 현장에 배움의 주도성은 학습자에게 흥미 있는 내용이 주어졌을 때 발휘된다. 때론 좋아하는 친구들과 함께 과제를 해결할 때나 충분히 해볼 만한 문제가 주어졌을 때도 힘을 낸다. 해결해야 할 학습 과제가 도전할 만한 가치가 있어 보이거나 과제 자체가 매력적일 때도 주도적으로 학습하는 모습을 보이게 된다. 특히 추상적이지 않은, 학생의 삶과 경험에 맞닿아 있는 학습 과제에는 더욱 적극적이고, 학교와 교실을 벗어나 넓은 세상에서 더 많은 관심을 가지고 배움에 참여한다.

위에서 언급한 여러 내용은 대부분 어떠한 형태로든 '교육과정 재구성 또는 성취기준 재구조화'를 필요로 하는 활동들이다. 외부에서 일방적으로 주어진 표준화된 수업 내용과 방법은 아이들의 흥미, 호기심, 열정, 주도성을 자극하지 못한다. 건조하고 별다른 호기심을 느끼지 못하는 경우가 대부분이다.

학생들이 배움의 열정과 주도성을 갖추어 학습하는 것들의 대부분은 흥미, 호기심, 삶 등 학생 저마다의 존재와 연결되어 있다. 다양한 수업 내용, 학습 환경을 제공함으로써 가능한 부분이다. 배움의 주도성은 학생들을 배움의 주인공으로 인정하고 주인공이 주인공답게 세워질 수 있도록 여건을 갖추어 주었을 때 가능하다.

학생들이 배움의 주인공이 되기 위한 여건은 여러 가지 형태로 제시될 수 있다. 가장 효과적인 것이 바로 교사 교육과정의 관점에서 이루어지는 성취기준 재구조화이다. 성취기준 재구조화는 학습자 개별성과 다양성을 인정하는 여유 공간을 제공할 뿐 아니라 배움의 시간과 공간을 확장한다. 수업의 내용과 방법을 결정하는 과정에서 학습자가 주도성을 발휘할 수 있도록 설계하는 것이 바로 성취기준 재구조화의 본질이다. 이 본질 위에 학습자 주도성은 세워질 수 있다.

2022 개정 교육과정과 성취기준 재구조화는 어떤 의미가 있나요?

2022 개정 교육과정의 주요 추진 방향에 기초하여 성취기준 재구조화가 어떤 의미를 갖는지 살펴보자.

[추진 방향 1]

◈ 학생의 삶과 연계한 깊이 있는 학습

코로나19 이후 원격-등교 수업이 병행되는 과정에서 학습격차는 더욱 심해졌고 사회적 문제로 부각되었다.

기초 기본 학습을 강화하여 기초학력 미도달 학생을 위한 수업을 설계하고 적용하기 위해서 교사로서 전문성을 발휘할 수 있는 부분은 바로 성취기준 재구조화를 통한 맞춤형 수업 설계이다. 맞춤형 수업에는 학생들이 흥미를 갖는 삶과 연계된 문제상황을 수업의 재료로 활용할 수 있게 된다. 이를 통해 학습격차 문제를 효과적으로 다룰 수 있다.

　우리 반 학생들의 현재 수준을 정확하게 진단하여 체계적인 기초 학습과 선택적 발전 학습을 진행하기 위해서는 한정된 수업 시간 안에서 기존 교과서 내용 전개로는 구현하기 어렵다. 교과서의 내용구성과 전개 방식을 기초학습자의 눈높이에 맞게 재구성 해야하며 특히 삶과 연계된 문제상황으로 학습의 흥미를 이끌어낼 수 있어야 한다. 담임 교사의 세심한 진단과 이를 바탕으로 이루어지는 학습 내용과 수업 방법의 재구조화는 학습격차를 해소할 수 있는 여건을 마련할 수 있다.

[추진 방향 2]

◈ 학습자의 성장을 지원하는 학생 맞춤형 교육 강화

　2022 개정 교육과정의 근간은 고교학점제와 학습자의 선택학습 강화, 그리고 개별 맞춤형 교육이다. 학생의 개별성과 다양성을 존중하는 교육을 지향하며 학생의 흥미, 진로, 역량, 삶, 마을과의 연계를 추구한다.

　학습자의 선택학습을 강화하기 위해서는 수업과 학습에 빈 공간을 마련하는 과정이 필수적이다. 많은 양을 정해진 시간과 방법으로 가르치는 것에는 학생의 선택권이 들어설 자리가 없다. 개별 맞춤형 교육도 마찬가지다. 다수의 학생이 한 학급을 이루고 있는 상황에서 맞춤형 교육을 실현하기 위해서는 교사가 학생 한 명 한 명을 살피고 피드백해 줄 수 있는 시간적 여유가 있어야 한다. 이를 위해 성취기준 재구조화는 필요하다. 재구조화를 통해 학습량을 감축하고 이렇게 확보된 빈 공간에 학습자가 스스로 계획하고 배움을 주도할 수 있도록 동기와 학습 과제를 함께 만들어가야 한다.

[추진 방향 3]

◆ 현장의 자율적인 혁신을 지원 · 촉진하는 학교 교육과정 자율성 강화

2022 개정 교육과정은 학교와 교사의 자율성을 강화한다. 학교의 자율성은 최종 목표가 아니며 학교 자율성이 교사 자율성, 학급 자율성으로 이어질 때 그 의미를 갖게 된다. 교사 자율성은 교사 교육과정을 통해 실현 가능하다. '교육과정'을 목표-내용-방법-평가의 체계적인 교육 계획으로 보았을 때 '교사 교육과정' 역시 학급 학생을 고려하여 위와 같은 요소들이 갖추어질 때 가능하다. 성취기준 재구조화는 교사 교육과정의 내용과 방법을 직접 만들고 적용할 수 있는 근거가 된다. 교사 교육과정을 통해 각 학급의 학생들에게 가장 적합한 내용과 방법을 결정할 수 있는 권한을 제공하며 이러한 권한을 바탕으로 완성도 높은 교사 교육과정이 만들어질 수 있다. 교사 교육과정 자율성의 핵심은 성취기준 재구조화를 통해 우리 반 학생들에게 적합한 학습 내용과 방법을 적용하는 것으로 볼 수 있다.

성취기준 재구조화 실천 유형별
의미, 과정, 사례를 자세히 알려주세요

앞서 다룬 의미와 필요성을 바탕으로 실제 성취기준 재구조화의 실천 유형별 사례와 과정을 더욱 자세히 살펴보자.

더하기(+)

더하기(+)의 유형은 기존 성취기준에 각종 학습 요소를 추가하거나 2가지 이상의 성취기준을 연결하여 포괄적인 성취기준을 구성하는 방식이다.

더하기(+) 유형 성취기준 재구조화는 공통적인 학습 요소나 제재를 공유하는 성취기준을 연결하여 실제적인 학습량을 감축하거나 기존 성취기준에 새로운 학습 요소를 추가할 때 사용될 수 있다. 또한, 두 개 이상의 성취기준을 연결하여 확장, 심화된 형태의 수업을 적용하고자 할 때 효과적이다.

일반적으로 더하기(+) 유형의 재구조화는 아래와 같은 과정으로 전개된다.

교과 성취기준을 읽고 공통점을 중심으로 연결할 성취기준을 추출하여 통합하거나 수업자 의도에 따라 추가할 학습 요소를 선정하고 성취기준에 첨가하는 방식이다. 절차는 아래와 같다.

〈유사한 성취기준을 연결하는 더하기(+) 과정〉

〈새로운 요소를 추가하는 더하기(+) 과정〉

더하기(+)의 방법으로 성취기준을 재구조화한 예시는 다음과 같다.

슬기로운 생활 성취기준과 즐거운 생활 성취기준은 주제를 중심으로 연결되어 있다. '가을의 특징', '가을의 모습과 느낌'은 유사한 내용 요소로 하나의 수업 구성이 가능하다. 효율적인 수업을 구상한다면 교사의 의도에 따라 성취기준을 하나로 연결하고 수업 내용을 통합하여 재구성할 수 있다.

기존 성취기준	[2슬06-02] 여러 가지 자료를 활용하여 가을의 특징을 파악한다. [2즐06-01] 가을의 모습과 느낌을 창의적으로 표현한다.	⇨	재구조화된 성취기준	여러 가지 자료를 활용하여 가을의 특징을 파악하고 가을의 모습과 느낌을 창의적으로 표현한다.
성취기준 재구조화 필요성	2가지 성취기준에서 활동이 연결되는 부분이 있어 성취기준을 연결하여 통합 운영하고 남는 시간을 다른 추가 활동으로 구성함.			

[두 개의 성취기준을 연결하기]

학습 요소를 더하는 재구조화 사례는 아래와 같다. 최근 학생들이 킥보드 등 새로운 탈것이 생기면서 관련 사고가 심심치 않게 발생한다. 학생들의 자전거 관련 구성 요소와 안전, 관리 방법 등을 학습할 때 자전거와 더불어 점차 보편화되고 있는 킥보드 관련 학습 내용을 추가할 수 있다. 학생들의 주변 상황과 보편화되어 있는 탈것을 수업에 가져오면서 성취기준이 아이들의 삶을 담을 수 있게 된다.

기존 성취기준	[6실04-06] 자전거의 구성 요소와 안전하게 관리하는 방법을 알고 실천한다.	재구조화된 성취기준	자전거와 킥보드의 구성 요소와 안전하게 관리하는 방법을 알고 실천한다.

성취기준 재구조화 필요성	학생들의 이동 수단 중 자전거에 대한 구성 요소와 안전, 관리 등을 담은 내용에 킥보드 사용이 많아짐에 따라 관련 내용 요소를 추가함.

[성취기준에 필요한 학습 요소 더하기]

  빼기(-)의 유형은 주변 상황이나 학습자를 고려하여 성취기준에서 일부 학습 요소를 덜어내는 방법이다.

  정상적인 등교가 어려운 코로나19 상황에서는 교육과정을 계획대로 운영할 수 없었다. 비대면 수업이 이어지면서 이질적인 공간에서 감정 전달과 소통의 부재는 수업의 큰 방해 요소다. 제한된 학습 환경으로 성취기준 도달에 어려움이 있는 경우에는 성취기준 학습 요소 중 일부를 빼기(-)를 하거나 대체하는 방법을 사용할 수 있다.

  또한, 여러 가지 경로를 통해 기존에 학습된 성취기준인 경우에도 부분적으로 빼기(-) 방법을 활용할 수 있다. 학습된 성취기준의 경우 중복하여 지도하기보다 이미 학습된 내용은 부분적으로 감할 수 있는 것이다. 다만, 빼기(-)의 경우 교사의 편의대로 덜어낼 수 없다는 점을 잊지 말아야 한다. 동학년(교과) 협의나 전문적 학습공동체를 통해 성취기준 재구조화의 타당성과 완성도를 높여야 하며 이때도 국가 수준 교육과정에 제시된 내용 요소는 임의대로 덜어낼 수는 없다.

  일반적으로 빼기(-) 유형의 재구조화는 아래와 같은 과정으로 전개된다.
  성취기준을 읽고 수업의 전체적인 방향을 구상한 후 수업 환경, 학업성취도, 교육 여건 등을 종합적으로 고려하여 덜어낼 부분을 탐색한 후 삭제하거나 대체하는 과정으로 이루어진다.

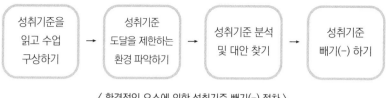

〈 환경적인 요소에 의한 성취기준 빼기(−) 절차 〉

〈 중복된 학습 내용에 의한 성취기준 빼기(−) 과정 〉

빼기(−)의 방법으로 성취기준을 재구조화한 예시는 다음과 같다.

비대면 수업은 일상적인 교육 활동을 수행하기 어렵다. 특히 대면 수업이 꼭 필요한 학습 내용조차 비대면 수업으로 진행해야 하는 경우가 발생한다. 과학과, 체육과 등의 체험이 필요한 교과 외에도 거의 모든 교과에서 수업에 어려움이 있다. 수업의 어려움은 성취기준 달성의 어려움으로 이어진다. 특히 실험, 실습, 체험 등의 수업 과정이 성취기준에 포함되었다면 자연스레 성취기준을 재구조화할 수밖에 없다.

기존 성취기준	[6과15-02] 실험을 통해 연소 후에 생성되는 물질을 찾을 수 있다.	재구조화된 성취기준	온라인 실험 과정을 보고 연소 후에 생성되는 물질을 찾을 수 있다.
성취기준 재구조화 필요성	비대면 수업으로 실험 교구 사용이 어려운 경우 온라인 실험 영상을 시청하고 이어지는 학습 과정을 수행할 수 있도록 함.		

[성취기준 학습 요소 일부를 덜어내거나 대체하기]

성취기준 내에 중복된 내용이 있거나 성취기준을 명료화하기 위해 빼기 (-)를 할 수 있다. 아래의 예에서 쌓기나무로 여러 도형을 만드는 활동을 한다. 활동 후 '그 모양에 대한 위치나 방향을 이용하여 말할 수 있다'는 위치나 방향이라는 요소를 덜어내고 2학년 학습자의 수준과 이해 정도를 고려하여 '만든 모양'으로 명료화한다. 이로써 수업의 내용을 명확히 하고 학습량을 덜어 깊이 있고 폭넓은 학습을 진행할 수 있다.

기존 성취기준	[2수02-02] 쌓기나무를 이용하여 여러 가지 입체도형의 모양을 만들고, 그 모양에 대해 위치나 방향을 이용하여 말할 수 있다.	재구조화된 성취기준	쌓기나무를 이용하여 여러 가지 입체도형의 모양을 만들고, 만든 모양을 설명할 수 있다.
성취기준 재구조화 필요성	'위치'와 '방향'에 초점을 두기보다는 모양에 대한 입체 감각을 종합적으로 길러주고자 하는 수업자 의도를 고려하여 내용 요소를 훼손하지 않는 범위 내에서 성취기준을 명료화하며 감함.		

[성취기준을 명료화하기]

곱하기(×) 유형은 기존 성취기준을 적극적으로 변형하여 배움에 최적화된 새로운 성취기준을 구성하는 방법이다.

앞서 제시한 더하기(+), 빼기(−) 유형은 기존 성취기준을 부분적으로 확장하고 수정하는 형태라면, 곱하기(×) 유형은 성취기준을 융합 또는 통합하여 새로운 성취기준을 구성하는 형태다. 이는 제한된 학습 환경을 극복하거나 학습자의 요구와 발달 수준에 맞춘 수업을 적용하거나, 적극적으로 교사 교육과정을 개발하여 적용하는 것 등의 상황에서 기존 성취기준을 간단히 수정·변형하는 더하기(+), 빼기(−), 나누기(÷) 유형을 사용하기 어려울 때 활용할 수 있다. 즉, 기존 성취기준으로 담아내기 어려운 교사의 의도나, 학교 혹은 학생의 특수성에 적합한 성취기준을 구성할 필요가 있을 때 사용된다. 특별히 곱하기 유형은 수업자 의도가 명확하지만 이를 담아낼 만한 국가 수준 성취기준이 없을 때 활용되며, 교육과정 개발자로서의 교사 전문성을 능동적이고 적극적으로 발휘할 수 있는 유형이다.

일반적으로 곱하기(×) 유형의 재구조화는 아래와 같은 과정으로 전개된다. 수업의 목적과 방향을 분명히 한 후 관련된 성취기준을 읽고 선정하여 수업의 방향에 맞게 성취기준을 새롭게 구성하는 절차를 거친다.

〈일반적인 곱하기(×) 유형 재구조화 과정〉

곱하기(x)의 방법으로 성취기준을 재구조화한 예시는 다음과 같다.

아래 제시된 과학과 성취기준은 생태계 보전을 위해 우리가 할 수 있는 일을 토의하는 내용이 성취기준의 핵심 내용 요소다. 토의 후 다양한 의견이 생성되는 데에서 그친다면 성취기준을 주어진 대로 활용하는 것이다. 이때, 생성된 다양한 의견을 의미 있는 활동, 생태계 보전이 필요함을 알리는 활동으로 연결하면 더욱 풍성한 학습 활동을 기대할 수 있다. 또한, 과학과 성취기준에 미술과 성취기준을 융합하여 확장된 성취기준으로 재구조화할 수 있다. 생태계 보전의 필요성 인식에서 필요함을 알리는 적극적 사회 참여 활동으로 이어지면서 수업 자체도 학생들의 삶으로 들어가는 깊이 있는 수업으로 거듭나게 되는 것이다.

기존 성취기준	[6과05-03] 생태계 보전의 필요성을 인식하고 생태계 보전을 위해 우리가 할 수 있는 일에 대해 토의할 수 있다. [6미02-05] 다양한 표현 방법의 특징과 과정을 탐색하여 활용할 수 있다.	재구조화된 성취기준	생태계 보전의 필요성을 협력적으로 조사하고 조사 결과를 정리하여 캠페인 활동 자료를 제작할 수 있으며, 이를 활용하여 생태계 보전 필요성을 효과적으로 전달할 수 있다.
성취기준 재구조화 필요성	생태계 보전의 필요성을 인식하는 방법으로 협력적인 모둠 조사 활동을 전개하고 조사 결과를 정리하여 적극적인 캠페인을 전개하는 과정에서 단순 인식을 넘어 사회 참여와 실천의 내면화가 이루어질 수 있도록 성취기준을 확장함.		

[교과 연계를 통한 성취기준 융합하기]

곱하기(x)의 방법으로 재구조화할 때 2가지 이상의 성취기준이 아니어도 가능하다. 하나의 성취기준이 학습 활동을 충분히 담아내지 못할 경우에는 새로운 상황이나 성취 수준을 융합하여 재구조화할 수도 있다.

아래의 예시는 기존 성취기준의 '백지도'를 '입체 지도'로 단순히 변경되었다고 판단할 수도 있겠다. 하지만 좀 더 깊이 들여다보면, 입체 지도는 다양한 학습 요소를 담고 있다. 지도라는 사회과의 지리적 요소와 미술과의 조형 요소를 일부 포함한다. 그러나 동시에 입체 지도라는 내용 요소는 기존 성취기준의 그 어디에도 없다. 즉 기존의 성취기준에 교사의 의도에 따라 새로운 내용 요소를 개발하여 성취기준을 만들 수도 있다는 것이다. 기존 성취기준에 내용 요소를 그대로 살리면서 입체 지도라는 새로운 내용 요소를 더해졌다. 곱하기(x)의 방법은 교사의 교육과정 편성에 대한 더 큰 자율성을 부여하되, 성취기준의 융합적이고 고차원적인 응용이 가능한 것이다.

기존 성취기준	[4사01-02] 디지털 영상 지도 등을 활용하여 주요 지형지물들의 위치를 파악하고, 백지도에 다시 배치하는 활동을 통하여 마을 또는 고장의 실제 모습을 익힌다.	재구조화된 성취기준	디지털 영상 지도 등을 활용하여 우리 고장의 주요 지형지물의 위치를 파악하고 답사한 후 우리 동네 입체 지도를 제작하여 우리 고장을 아끼고 사랑하는 마음을 갖는다.
성취기준 재구조화 필요성	디지털 영상지도를 통해 파악된 주요 지형지물의 위치를 실제 답사하여 특징을 구체적으로 파악한 후 우리 동네 지도를 제작하는 활동으로 고장의 실제 모습과 더불어 특징을 이해하고 지역적 공간감과 애향심을 기를 수 있도록 확장함.		

[새로운 내용 요소를 더한 성취기준 융합하기]

나누기(÷)의 유형은 성취기준 자체의 내용을 분할하거나 압축하는 방법이다.

하나의 성취기준을 둘로 나누어 수업하는 것이 효과적이거나 이와 반대로 성취기준을 압축하여 간결하게 진술하는 것이 나은 경우 사용된다. 성취기준을 둘로 나눈 경우 각각 다른 성취기준과 연결 지어 수업의 효과성을 높일 수 있다. 또는 성취기준을 압축하여 핵심을 간결하게 학습한 후여유 시간을 활용하여 학생 중심, 역량 중심의 깊이 있는 수업을 구성할수도 있다.

일반적으로 나누기(÷) 유형의 재구조화는 아래와 같은 과정으로 전개된다.

성취기준을 읽고 수업을 계획하며, 이때 성취기준 도달에 제한 사항은 없는지, 성취기준을 분할하여 가르칠 경우 효과적인 내용은 없는지, 어떤내용을 강조하고 어떤 내용을 압축할 것인지를 결정한 후 성취기준을 재구조화하고 구체적인 수업 계획을 수립하는 과정으로 이루어진다.

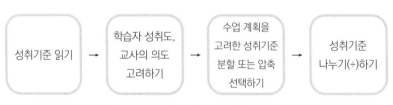

⟨일반적인 나누기(÷) 유형 재구조화 과정⟩

나누기(÷)의 방법으로 성취기준을 재구조화한 예시는 다음과 같다.

먼저 하나의 성취기준을 둘로 나눌 수도 있다. 전반적으로 학습자의 수준이 낮아 하나의 성취기준을 충분히 학습하는 게 어렵다면 2개로 나눌 수도 있다. 이런 경우, 해당 성취기준 도달에 많은 시수(시간)를 확보하여 학습 더딤을 줄일 수 있다. 단순히 2개로 나누는 것 외에도 교사의 다양한 의도에 의해 나뉘기도 한다. 다음의 예시처럼 하나의 성취기준이 두 가지 이상의 내용 요소를 담고 있다면 다른 교과와 연계를 고려하여 나누기(÷)의 방법을 사용할 수 있다.

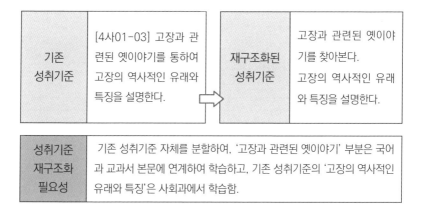

[하나의 성취기준을 둘로 나누기]

또한, 두 개의 성취기준을 공통적인 학습 요소를 중심으로 압축하여 하나의 성취기준으로 압축함으로써 통합적인 관점에서 수업을 설계할 수 있다.

기존 성취기준	[2수02-03] 교실 및 생활 주변에서 여러 가지 물건을 관찰하여 삼각형, 사각형, 원의 모양을 찾고, 그것들을 이용하여 여러 가지 모양을 꾸밀 수 있다. [2수02-04] 삼각형, 사각형, 원을 직관적으로 이해하고, 그 모양을 그릴 수 있다.	재구조화된 성취기준	교실 및 생활 주변에서 삼각형, 사각형, 원의 모양을 이해하고 여러 가지 모양을 그릴 수 있다.
성취기준 재구조화 필요성	모양 꾸미는 활동은 학습자 수준을 고려하여 압축, 즉 생략하고 여러 가지 모양을 그리는 활동에 시수를 증배함.		

[두 개의 성취기준을 하나로 압축하기]

성취기준 재구조화,
언제 하는 게 좋을까요?

성취기준 재구조화의 필요성과 유형을 이해했다면 이젠 실천해 볼 차례다. 교육과정 편성 과정에서 성취기준의 재구조화는 언제 해야 할까? 특정한 시기가 있는 것인지, 필요에 따라 수시로 하면 되는지 그 시기에 대한 고민은 교육과정 편성 과정의 타임라인을 살펴보면 조금이나마 도움이 될 것이다.

✎ 2월, 새 학년 맞이 주간에 이루어지는 성취기준 재구조화

일반적으로 이듬해 교육과정 편성을 위한 준비는 매년 11월쯤 시작한다. 지난 한 해 학교 교육과정을 되돌아보고 앞으로 교육과정을 계획하며 교육공동체의 의견을 수렴한다. 겨우내 교육공동체와 함께 비평과 성찰을 거친 후, 학교 교육과정을 엮어내고 2월 학교 교육과정을 공유하며 새 학년 맞이 주간이 시작된다.

학교 교육과정이 완성되고 학년과 학급 편성이 완료된 후, 학년과 학급의 교육과정을 고민하는 '새 학년 맞이 주간'이 성취기준 재구조화가 가능한 첫 시작이자, 가장 적기라고 볼 수 있다. 일반적으로 새 학년 맞이 주간에 교사는 함께할 아이들에 대한 기본적인 이해를 바탕으로 자신의 교육적 목적과 의도성을 지닌 교육과정을 설계하고, 1년간 어떻게 학급을 운영하고 수업으로 구현해 나갈 것인지 구체화한다.

교육과정 설계 과정에서 두 개의 성취기준이 합쳐진 경우, 각각의 성취기준을 다시 중복하여 가르칠 필요가 없다. 또 아이들의 수준과 흥미 여부에 따라 성취기준을 세분화하여 더 집중적으로 가르칠 수도 있다. 그뿐만 아니라 재구조화된 성취기준은 그에 따라 수업, 평가까지 달라져야 한다. 이러한 관점에서 볼 때, 2월의 성취기준 재구조화는 교육과정 재구성보다 훨씬 적극적인 의미의 교사 교육과정 설계와 실천으로 이어진다.

그러나 이 시기는 학생 의견을 충분히 반영하기에 어려움이 있으므로 교사 교육과정을 완성한다는 의미는 아니다. 아이들을 만나고 난 후, 교육과정 설계를 시작한다면 이미 늦으므로 그 전에 만반의 준비를 하고 출발선에 선다고 생각하는 것이 필요하다.

✎ 3월, 학기를 시작하며 이루어지는 성취기준 재구조화

 학교 교육과정 운영 일정을 고려한다면, 3월에는 학습자의 개성과 흥미, 수준을 비롯한 배움의 의지를 교사 교육과정에 반영하는 과정이 더해진다. 즉, 새 학년 맞이 주간을 통해 1년간의 학급 경영과 수업 실천을 위한 계획에 직접 아이들을 만난 후, 학습자를 고려해 더욱 구체화하고 조정하는 일이 필요하다.

 교사 교육과정에서 능동적인 학습자, 배움의 주체로서 학생들이 교육과정을 설계하는 과정 전반에 등장하는 것은 필연적이다. 그리고 이러한 배움의 주도권이 학습자로 넘어가는 과정에서 우리 반에 적합한 성취기준으로 재구조화되는 일은 자연스러운 과정일 것이다.

 학습자에 대한 어느 정도의 이해가 이루어진 시기인 3월 새 학기는 2월에 세운 성취기준 재구조화의 뼈대에 구체적인 '학습자 요소'라는 살을 붙이는 또 다른 중요한 시기가 된다.

 이렇게 볼 때, "성취기준 재구조화를 언제 할 것인가?" 하는 질문에 대해 가장 현실적인 답변은 2월과 3월 교육과정 계획수립 단계라는 답이 가장 정확한 답변이라고 할 수 있다. 교육과정 디자인이 이루어지는 이 시기가 성취기준 재구조화의 골든 타임인 것이다.

 다만, "이 시기 이외에 재구조화된 성취기준은 수정할 수 없나요?"라는 질문이나 "학기 중 새롭게 성취기준을 재구조화하여 수업에 적용할 수 없나요?"라는 질문에는 "아니오"라고 답할 수 있다.

수시로 새롭게 추가되거나 수정되는 성취기준 재구조화

　2~3월은 교육과정 전반에 대한 계획을 수립하고 편성하는 시기이므로 이때가 성취기준 재구조화의 적기이다. 그러나 학교의 다양한 사정, 새로운 프로젝트 수업의 제시, 학습자의 특별한 요구나 필요 등 1년 동안 우리는 교육과정을 수정하거나 추가해야 하는 다양한 상황을 마주한다.

　만들어가는 교육과정이라는 측면에서 봤을 때, 위의 다양한 상황에서 의도한 교육과정을 수정할 수 있다. 따라서 우리는 1년 중 언제라도 재구조화된 성취기준을 수정할 수 있으며 필요에 따라 추가할 수도 있다. 아이들의 삶을 수업의 주제로 가져오고, 아이들의 요구나 필요를 수용하면서 만들어가는 교육과정이 진행되는 것이다. 교육과정의 진행 과정에서 아이들이 새로운 주제나 아이디어를 제시하면 수업은 또 수정될 수 있다. 성취기준의 내용 요소나 학습 요소 등이 벗어나지 않는 선에서 학생의 요구가 반영된 방향으로 성취기준을 재구조화하고 더 깊게 또는 더 넓게 학습할 수 있다.

　앞에서 살펴본 바와 같이, 교사의 계획과 의도에 학습자의 의견을 적극적으로 수용하는 과정에서 성취기준 재구조화는 자연스럽게 이루어진다. 진정한 의미의 교육과정 전문가, 수업 실천가로 거듭나기 위해 성취기준 재구조화에 대한 귀찮음, 두려움, 어색함 등의 감정을 걷어내면 한층 더 성숙한 발걸음을 내디딜 수 있을 것이다.

재구조화된 성취기준은
어떻게 수업과 연결되나요?

　재구조화된 성취기준이 수업과 어떻게 연결되는지 전체적인 흐름을 살펴보자.

　성취기준 재구조화는 다른 무엇보다 교육과정 개발자, 실천가로서 교사의 전문성을 강화하는데 그 의미가 있다. 먼저, 국가에서 제시한 교과서와 성취기준에 우리 반 아이들의 특성, 교실의 환경 등 다양성이란 색을 입혀 보다 효과적으로 학생의 삶과 배움을 실현하려는 의도가 담겨 있다. 또한, 재구조화는 색을 입히는 것을 넘어 2022 개정 교육과정에 신설된 선택과목(활동)에서 교사가 직접 성취기준을 개발하고 적용하는 과정으로서의 의미도 있다.

　이러한 과정에서 성취기준 재구조화는 교사 교육과정 중요성과 기능을 강화하는 작용을 하게 되는 것이다.

교사 교육과정 편성·운영 과정과 성취기준 재구조화 과정이 어떻게 연결되는지 아래 과정을 살펴보자.

1 교사 교육과정 설계하기

- 한 해 학급살이의 목표 설정하기
- 목표와 관련된 내용, 방법, 평가의 측면에서 성취기준 재구조화하기
- 재구조화된 성취기준을 반영한 진도표, 평가 계획 작성하기

2 교사 교육과정 실천하기

- 학교 환경, 학습자 특성, 흥미, 성취도를 반영하며 성취기준 재구조화하기
- 재구조화된 성취기준을 바탕으로 수업 설계하고 실천하기
- 전문적 학습공동체에서 함께 만들어가는 교사 교육과정 실천하기

3 교사 교육과정 평가하기

- 재구조화된 성취기준에 맞추어 평가하기
- 한 해 교사 교육과정 평가하기

위와 같은 큰 흐름에 따라 교사 교육과정과 성취기준 재구조화는 함께 이루어질 수 있다. 절차에 따라 이루어지는 몇 가지 내용을 함께 살펴보자.

교사 교육과정 설계하기 1 〈설계의 기초 세우기〉

교사의 교육과정 문해력

2월은 학급 한해살이를 위한 설계도를 완성하는 시기다. 올해 맡은 학급 학생의 특성, 환경 그리고 교사의 의도와 목표를 바탕으로 교사 교육과정을 세운다. 교사 수준의 교육과정을 편성하기 위해서는 국가, 지역, 학교 수준 교육과정에 이르기까지 상위 교육과정에 대한 문해력이 필요하다. 문해력이 바탕이 될 때 완성도 높은 성취기준 재구조화뿐만 아니라 한 해 교사 교육과정을 내실 있게 운영할 수 있기 때문이다.

교육 환경, 학습자 이해

교육과정에 대한 기본적인 문해가 완료되면, 한 해 교사 교육과정을 설계한다. 학생들의 특성과 학교, 지역사회의 환경은 어떠하며, 그에 따라 교사는 어떤 의도를 가지고 학생을 지도할지 고민한다. 학생들의 학습력과 개성, 흥미 등을 고려하고 학습자의 삶을 배움의 장으로 가져온다. 배움의 장에는 학습자의 다양한 요소가 포함된다.

예를 들어 도심의 학교에서는 도심 주변의 환경을 살펴보고 주변의 교육협력을 위한 다양한 기관 및 학생들의 삶을 연결할 수 있는 공원 등의 시설물을 배움의 장으로 가져올 수도 있다. 농산어촌에서는 촌락의 생활환경과 지역적 특성을 배움의 장으로 가져오면 된다.

더불어 학습자의 전체적인 가정환경, 생활 및 문화 수준은 어떠한지 파악해야 한다. 이는 교육과정 구성에서 중요한 요소로 성취기준을 재구조화하는 데 목적, 방향, 방법을 설정하는 중요한 기준이 된다.

✎ 교사 교육과정 설계하기 2 〈조망도 작성하기〉

학습자의 특성, 학교와 지역 사회의 환경에 대한 이해를 마쳤으면 이제는 교사 교육과정 편성을 위한 성취기준 전체를 한 학기 기준으로 나열해 본다.

한 해 농사를 짓기 위해 어떤 작물을 언제, 어디서 심을지, 어떻게 가꿀지를 고민하는 농부처럼 '어떤 성취기준을 언제 가르칠 것인지'에 대한 고민을 하게 되는 것이다.

배움의 이정표가 되어줄 성취기준을 보며, 통합할 것은 무엇인지 분할하거나 압축해야 할 필요는 없는지 비판적으로 검토하여, 한 학기 성취기준의 지도 시기를 재배치할 수 있다.

단원	성취기준	교과서 살펴보기		
		주요 학습 내용 또는 활동	국어	차시
〈독서 단원〉 책을 읽고 생각을 넓혀요	[6국01-02] 의견을 제시하고 함께 조정하며 토의한다.	읽을 책을 정하고 책 미리보기	8~18쪽	독서 준비
	[6국02-06] 자신의 읽기 습관을 점검하며 스스로 글을 찾아 읽는 태도를 지닌다.	책을 즐기며 읽기	19~22쪽	독서
	[6국05-05] 작품에 대한 이해와 감상을 바탕으로 하여 다른 사람과 적극적으로 소통한다.	책 내용을 간추리고 생각 나누기	23~33쪽	독서 후
1. 대화와 공감	[6국01-01] 구어 의사소통의 특성을 바탕으로 하여 듣기, 말하기 활동을 한다.	대화의 특성을 이해하기	34~39쪽	1~2
		상대가 잘한 일이나 상대의 장점을 찾아 칭찬하기	40~43쪽	3~4
	[6국01-07] 상대가 처한 상황을 이해하고 공감하며 듣는 태도를 지닌다.	상대를 배려하며 조언하기	44~49쪽	5~6
		서로 공감하며 대화하기	50~54쪽	7~8
		친구들의 고민을 듣고 해결 방법 제안하기	55~59쪽	9~10
2. 작품을 감상해요	[6국05-02] 작품 속 세계와 현실 세계를 비교하며 작품을 감상한다.	경험을 떠올리며 작품을 읽을 때 좋은 점 알기	60~67쪽	1~2
		경험을 떠올리며 시 읽기	68~73쪽	3~4
	[6국05-01] 문학은 가치 있는 내용을 언어로 표현하여 아름다움을 느끼게 하는 활동임을 이해하고 문학 활동을 한다.	경험을 떠올리며 이야기 읽기	74~83쪽	5~6
		경험을 떠올리며 시 쓰기	84~91쪽	7~9
3. 글을 요약해요	[6국02-02] 글의 구조를 고려하여 글 전체의 내용을 요약한다.	설명하는 글을 읽은 경험 나누기	92~97쪽	1
		여러 가지 설명 방법 알기	98~104쪽	2~3
	[6국03-03] 목적이나 대상에 따라 알맞은 형식과 자료를 사용하여 설명하는 글을 쓴다.	구조를 생각하며 글 요약하기	105~109쪽	4~4
		대상을 생각하며 설명하는 글 쓰기	110~114쪽	6~7
		자료를 찾아 읽고 요약하기	115~121쪽	8~9

출처: 경상남도교육청 업무자료실

[2015 개정 교육과정 국어과 맵핑 자료 일부]

위의 표는 5학년 1학기 국어과 개정 교육과정 성취기준 맵핑 자료의 일부로, 학기별로 도달해야 할 성취기준과 교과서 내용을 연결한 자료다. 각 교과는 성취기준에 맞추어 교과서 내용이 연결되고, 단원마다 도달해야 할 성취기준이 나열되어 있다.

5학년 1학기 국어과의 경우 총 21개의 성취기준[2]이 제시되었다. 성취기준 도달을 위해 8차시 이상으로 탄력적 운영이 가능한 독서 단원과 90차시 기준으로 구성된 10개의 단원으로 구성되어 있다. 특별한 재구성이 없다면 교과서를 중심으로 98차시의 수업을 운영해야 한다. 5·6학년군 2년간의 국어과 편제는 총 408시간으로 이를 4학기로 나누면 102차시가 된다. 국가에서 정해진 기준에 따른다면 학기별로 평균적 4차시 정도의 교사 수준의 자율적인 시간이 생기는 수준이다. 그러나 실제 학급경영 과정에서는 과정중심평가, 범교과 학습 주제 등을 진행하다 보면 자율적인 시간은 거의 없는 것이 현실이다.

컨베이어 벨트처럼 차례대로 진행되는 교과서 중심의 교육과정 운영으로는 교사의 자율성과 전문성이 보장될 수 없다. 아이들의 삶을 배움의 주제가 되는 프로젝트 학습이 들어갈 공간도 아이들과 교사가 함께 만들어가는 자율적인 배움의 여유 공간에도 한계가 있다.

그러나, 학기가 시작되기 전의 성취기준 재구조화를 통한 교육과정 조망도를 그리면 이러한 어려움이 충분히 해결될 수 있다.

• • • • •

2) 총 25개의 성취기준이 연결되어 있으나 이 중 4개의 성취기준은 중복되어 제시됨.

[6국01-02] 의견을 제시하고 함께 조정하며 토의한다. [교과서 내 9차시 구성]	[6사01-05] 우리나라의 인구 분포 및 구조에서 나타난 변화와 도시 발달 과정에서 나타난 특징을 탐구한다. [교과서 내 3차시 구성]

〈재구조화된 성취기준 (유형: ×)〉
우리 지역의 도시 발달 과정에서 생겨난 변화와 환경문제의 해결 방법에 대해 토의한다.
[국어과(9차시) + 사회과(3차시) → 10차시로 구성]

[교육과정 조망도 구성 과정에서 성취기준 재구조화]

위의 예시는 학생 삶과 연계된 프로젝트 학습을 위한 성취기준 재구조화 과정이다. 교과별로 나열된 성취기준의 내용 요소를 살리고 프로젝트 학습 과정이 담긴 성취기준으로 재구조화한다. 2개의 성취기준 학습을 위해 교과서에 제시된 12시간을, 재구조화를 통해 10시간으로 단축하면 여유 시간을 확보할 수 있다. 이렇게 확보된 여유 시간으로 다양한 주제 활동을 할 수 있다. 교사의 의도를 살린 수업 구성과 교육과정 개발자로서의 역량을 재구조화를 통해 발휘할 수 있게 되는 것이다.

이와 같은 과정은 다른 교과에서도 동일하게 실천할 수 있다. 성취기준을 배치하는 과정에서 학습자의 특성이나 교사의 의도에 따라서 다양한 방법으로 성취기준을 재구조화한 후 상황에 따라 재배치하는 것이다. 수학과 부분에 많은 보충이 필요하다면 나누기(÷)의 방법으로 성취기준을 나누어서 시수를 확보할 수도 있다.

마을 주변의 공간에 대한 프로젝트 진행을 원한다면 대주제를 선정하고 관련 성취기준을 추출한다. 추출된 성취기준의 일부를 더하기(+), 융합(x) 등의 방법으로 재구조화한다. 재구조화된 성취기준으로 학습 과정을 고민하고 계획하면서 한해 교사 교육과정의 큰 틀이 완성된다.

성취기준과 학습 주제를 재배치하고 시수를 정하는 과정을 거치면 한 해 동안 가르칠 내용의 전반적인 계획이 완성된다. 정리된 계획과 학교 교육과정 시수 표를 비교해보며 여유가 있는 시수는 모아서 부족한 교과 부분을 좀 더 집중하여 운영하거나 학생들의 의사를 반영하여 새로운 프로젝트나 특색활동을 진행할 수도 있다.

이처럼 재구조화된 성취기준은 교사와 학생의 특색을 분명하게 드러내는 교육과정이 되기도 하고 학생들의 삶을 배움의 현장으로 가져올 수도 있다. 교사가 생각하는 학생에게 필요한 배움, 학생들이 원하는 배움을 담아낼 수 있는 것이다. 성취기준 재구조화는 학생이 교사 교육과정을 더욱 풍성하고 학습자 맞춤형의 교육과정으로 다가가는 중요한 도구임이 틀림없다.

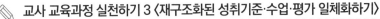

전체적인 성취기준의 배치와 재구조화 작업이 끝났다면 이제 완성된 계획을 바탕으로 실제 수업을 설계하고 적용하는 과정이 남았다. 완성된 계획은 상황에 따라 유연하게 수정·변형될 수 있는 '만들어가는 교육과정'의 형태가 된다. 특별히 재구조화된 성취기준은 전문적 학습공동체를 통해 함께 단위 수업을 고민하고 활동지, 평가지 등 수업에 필요한 내용을 만들어가는 형태가 되어야 할 것이다. 이때 중요한 것은 재구조화된 성취기준과 수업 내용, 평가가 유기적으로 연계될 수 있도록 하는 데 있다. 새롭게 구성된 성취기준이 갖는 목적과 의도가 단위 수업의 활동지, 발문, 평가지에 녹아들 수 있도록 해야 한다. 이 과정에서 재구조화된 성취기준이 단위 수업으로 연결될 수 있기 때문이다.

프로젝트 학습을 위한
성취기준 재구조화는 어떻게 하나요?

행하면서 배우는 프로젝트 학습에서는 삶이 곧 배움의 공간이 된다. 눈으로 바라보고, 몸으로 움직이고, 귀로 듣는 학생들의 공간에서 배움 주제를 찾는다. 그 공간에서 일어나는 일, 관심, 생각, 흥미 등이 주제가 되고 질문이 되어 프로젝트 학습을 이끌어 간다. 프로젝트 학습에서의 다양하고 개방적인 질문과 이를 해결하기 위한 몰입의 경험은 학생들에게 매우 유의미하고, 기억에 남는 학습 결과로 이어지게 된다.

몰입할 수 있는 배움으로 이어지는 프로젝트 학습 운영 과정은 일반적으로 다음과 같다.

주제 결정하기 → 활동 계획하기 → 전개하기 → 결과 발표하기 → 평가하기

[프로젝트 학습 운영 과정]

프로젝트 학습 과정 중 주제 결정하기는 실질적으로 프로젝트의 성패를 책임진다. 프로젝트 수업 주제를 선정하기 위해서는 학년 교육과정을 분석하고 프로젝트 학습 대주제와 관련된 내용을 확인해야 한다. 일반적으로 학생의 관심과 흥미, 지역 사회나 학교의 주요 이슈를 주제로 토의 과정을 거치면서 주제 선정에 이르게 되는데, 선정된 주제를 교육과정과 연계한 수업으로 구성하기 위해서는 반드시 성취기준을 살펴보아야 한다.

성취기준은 프로젝트 수업 활동에서 평가에 이르기까지 중요한 내비게이션이 되기도 하고, 평가 준거의 역할도 갖는다. 그러나 프로젝트 학습에서 성취기준이 갖는 중요성에 반해 수업을 계획할 때는 단순히 관련된 성취기준을 가려내어 나열하는 정도에 그친다. 수업 내용이나 학습 활동과 어느 정도의 연관성을 가지고 있는 성취기준을 추출하는 수준에서 멈추게 되는 것이다. 나열식 성취기준 제시는 프로젝트 학습을 통해 구현하고자 하는 목표, 활동을 충분하게 담아내기에 한계가 있다. 성취기준이 프로젝트 수업의 전반적인 흐름과 활동, 평가에 이르기까지 핵심적인 역할을 해야 함에도 그 내용을 온전히 담아내지 못하는 것이다.

여기서, 성취기준 재구조화가 나설 차례다. 성취기준이 프로젝트 수업의 의도를 충분히 담아낼 수 있도록 성취기준을 재구조화해야 한다. 성취기준을 재구조화하는 과정에서 프로젝트 수업의 목표와 방향을 명료화하는 것이다. 아래의 프로젝트 학습 사례를 바탕으로 성취기준 재구조화 작업을 살펴보자.

주제	○○해수욕장 재개장의 의미를 이해하고 특색 있는 ○○해수욕장 만들기		
관련 교과	국어, 사회	**차시**	10차시
프로 젝트 개요	○○시는 300km 이상의 해안선을 가지고 있으나, 해수욕장이 하나도 없다. 도시의 발달 과정에서 생겨난 다양한 문제점, 무분별한 개발, 환경 오염으로 인한 해양생태계의 파괴가 그 원인이다. 최근 환경 정화를 위한 다양한 노력의 결과로 ○○해수욕장이 재개장하기에 이르렀다. 본교 학생들의 삶의 공간 안에서 잊힌 ○○해수욕장에 대해 새로운 시각으로 볼 필요가 생긴 것이다. ○○해수욕장은 '왜 폐장했으며, 어떻게 재개장했는가'에 대한 도시발달 과정에서 나타난 특징과 환경문제, 우리의 공간에 대한 재해석을 바탕으로 '창의적인 ○○해수욕장 조성'에 대한 주제를 중심으로 토의 활동, ○○해수욕장의 감동적인 변화를 위한 시청에 제안하는 글쓰기의 과정으로 프로젝트를 진행하고자 한다.		
관련 성취 기준	[6사01-05] 우리나라의 인구 분포 및 구조에서 나타난 변화와 도시 발달 과정에서 나타난 특징을 탐구한다. [6국01-02] 의견을 제시하고 함께 조정하며 토의한다.		

[공감 프로젝트 학습 예시 자료]

   위 프로젝트 학습은 도시발달 과정에서 나타난 특징에 대해 탐색하며, 아이들이 살아가는 공간을 어떻게 변화시킬 수 있을지 고민하며 시작되었다. 아이들과 함께 프로젝트 학습 과정의 다양한 활동을 계획하고 고민하면서 성취기준 추출의 과정이 이루어졌다. 프로젝트 학습에서 성취기준 제시는 위의 예처럼 관련 성취기준을 찾아 나열하는 경우가 일반적이다. 단순히 '관련된' 성취기준을 가져온 것에 불과한 경우가 대부분이다. 반면 재구조화된 성취기준은 프로젝트 학습이 깊이 있는 배움으로 가는 실질적인 방향키가 되어줄 수 있다. 성취기준을 재구조화한 후 이를 바탕으로 목표, 내용, 방법, 평가를 교사와 학생이 함께 구체적으로 수립해나갈 수 있기 때문이다.

본 프로젝트에서 학습 내용의 흐름을 담아내는 성취기준 재구조화를 위해 2가지의 성취기준을 우선 분석하였다. 사회과와 국어과의 성취기준 2가지를 융합하여 1가지의 성취기준으로 재구조화하였다. 각 성취기준의 내용 요소는 '국토의 도시 분포 특징 및 변화 모습, 토의(의견 조정), 설명하는 글(목적과 대상, 형식과 자료)'로 이루어진다.

내용 요소를 훼손하지 않으면서 다음과 같이 성취기준을 재구조화하였다.

[6국01-02] 의견을 제시하고 함께 조정하며 토의한다.
내용 요소: 토의(의견 조정)
내용 요소: 설명하는 글(목적과 대상, 형식과 자료)

주요 학습 내용 또는 활동	교과서	차시
• 토의 뜻과 필요성 알기	184~187쪽	1
• 토의 절차와 방법 알기	188~195쪽	2~3
• 토의 주제를 파악하고 의견 나누기	196~199쪽	4~5
• 글을 읽고 토의하기	200~205쪽	6~7
• 알맞은 주제를 정해 의견 나누기	206~211쪽	8~9

[6사01-05] 우리나라의 인구 분포 및 구조에서 나타난 변화와 도시 발달 과정에서 나타난 특징을 탐구한다.
내용 요소: 국토의 도시 분포 특징 및 변화 모습

주요 학습 내용 또는 활동	교과서	차시
• 우리나라 인구 구성의 변화 살펴보기	59~63쪽	17
• 우리나라 인구 분포의 특징 알아보기	64~66쪽	18
• 우리나라 도시 발달의 특징 알아보기	67~69쪽	19

〈재구조화된 성취기준 (유형: ×)〉		
우리 지역의 도시 발달 과정에서 생겨난 변화와 환경문제의 해결 방법에 대해 토의한다.		
〈수업 흐름〉		
공감 프로젝트 학습(국어과(9차시) + 사회과(3차시) → 10차시) (★:평가)		
1~2차시	• 프로젝트 학습 계획하기 • 토의 뜻과 필요성 알기	
3차시	• 토의 절차와 방법 알기	
4~5차시	• 우리나라 인구 구성의 변화, 인구 분포의 특징 조사하기 • 우리 지역의 도시 발달 과정과 연계하여 우리나라 도시 발달의 특징 알아보기	
6~7차시	• 도시 발달 과정에서 발생한 우리 지역의 환경문제와 개선 방안 파악하고 의견 나누기 (★) • ○○해수욕장 탐색하기	
8~9차시	• ○○해수욕장 폐장의 원인과 활성화를 위한 주제 토의하기 (★)	
10차시	• 독자를 존중하며 시청에 ○○해수욕장 활성화를 위한 건의하는 글쓰기	
11차시	• 프로젝트 학습 마무리하기	

[공감 프로젝트 학습 예시 자료]

　재구조화된 성취기준을 바탕으로 프로젝트 학습은 아이들의 놀이터와 같은 ○○해수욕장의 공간에 대한 이해부터 시작된다. 해수욕장이 폐쇄된 이유에서 출발한 물음은 도시 발달과정에서 발생하는 문제와 환경에 대한 인식으로 이어져 해수욕장을 재개장하기 위한 다양한 노력에 대한 토의로 이어진다. 현장체험학습을 통해 아이들이 직접 겪어보고 느껴본 공간에 대한 아쉬운 점, 부족한 점에서 나아가 장점을 더 부각할 수 있는 것은 무엇인지에 대해 시간을 가진다. 토의 활동으로 LED등 설치, 해수욕장 주변 편의시설, 상징물 등 설치 등의 의견이 나왔다. 이러한 의견을 시청 홈페이지에 건의하는 글쓰기 활동을 하였다. 아이들의 삶이 프로젝트 학습의 배경

이 되고, 직접 체험하며 살아가는 공간의 변화에 대한 고민을 실천적인 방향으로 나아가기 위해서 제안하는 글쓰기로 이어진 것이다.

그렇다면 프로젝트 학습을 위해 성취기준을 재구조화한 후 수업을 설계한다면 어떤 좋은 점이 있을까? 수업을 계획하는 교사에게 재구조화는 다음과 같은 장점이 있다.

---

1. 서로 다른 두 개의 성취기준을 통합하는 과정에서 수업과 평가의 기준이 되는 성취기준을 바르게 분석하고 정확히 이해하게 된다.
2. 두 개 이상의 성취기준을 재구조화함으로써 가르쳐야 할 내용이 명료해지며 재구조화된 성취기준과 프로젝트 과제를 중심으로 수업 계획이 통합되고 체계를 갖춘다.
3. 성취기준 재구조화 과정에서 수업의 큰 틀과 방향을 미리 고민할 수 있다.
4. 단순히 관련된 성취기준을 나열하는 것을 넘어 유기적으로 통합하고 조직하여 실질적인 수업의 목표와 평가 방향을 잡는 데 도움이 된다.

[성취기준 재구조화의 장점]

성취기준 재구조화 시
유의해야 할 점은 무엇인가요?

 성취기준 재구조화의 목적을 분명히 하자

코로나19로 인해 등교 수업이 불가능한 상황으로 블렌디드 수업을 하는 학교가 많아지면서 성취기준 재구조화는 시작되었다. 그래서 다수의 교사는 변화된 학습 환경에서 특별한 목적이나 의도 없이 수동적으로 재구조화를 하기도 하였다.

교사는 교육과정의 전문가로서 성취기준을 활용하고 개발하는 전문성을 가져야 한다. 코로나19라는 불가피한 상황이지만 국가 교육과정에서 개발한 성취기준을 새롭게 활용하고 개발하여 수업에 적용해야 한다면 그 목적과 근거가 명확해야 한다는 점을 간과하고 있는 건 아닌지 고민해 봐야 할 시점이다.

앞서 성취기준 재구조화를 통한 학습량 적정화, 제한된 환경 극복, 학생 맞춤형 교육 등의 목적을 살펴보았다. 교사가 학습 환경과 학생들의 성향, 특성, 수준 등을 고려하여 어떤 상황에서 어떤 필요와 의도에 의해 성취기준 재구조화를 하려는지 정확히 인지하고 성취기준 재구조화의 목적을 분명히 하는 일은 매우 중요하다.

이렇게 성취기준에 대한 필요와 목적을 분명히 하면 성취기준의 선택과 집중을 할 수 있으며 자연스럽게 재구조화의 유형을 결정할 수 있다.

재구조화의 기준 없이 무분별하게 성취기준을 재구조화할 경우, 자칫 교사와 학생들에게 혼란을 키울 우려가 크기에 기준과 목표를 세워 성취기준 유형을 결정해야 한다.

✎ 성취기준의 내용 요소와 학습 요소를 놓치지 말자

성취기준 재구조화를 할 때 유의점 중 하나는 임의로 성취기준을 생략하지 않는다는 것, 즉 성취기준에 제시된 필수 내용 요소를 생략하지 않는다는 것이다.

성취기준 내용체계 표에서는 영역, 핵심 개념, 학년군별 내용 요소, 기능이 제시된다. 학년(군)별 내용 요소는 성취기준 내용체계 표상 영역별로 핵심 개념, 일반화된 지식을 바탕으로 제시되어 있다. 교육과정은 이런 내용 요소를 고려하여 학습자가 각 영역이 추구하는 통합적 기능을 신장

할 수 있도록 구성되어 있다. 학년군별 내용 요소는 해당 학년군에서 집중적으로 다루되, 학년군 간 연계성을 바탕으로 하여 다른 학년군에서도 융통성 있게 다룰 수 있다. 학년군 내에서 다루어지는 교육 내용의 연계성을 확인할 수 있는 것이다.

초등학교 현장에서는 대부분 학년별로 운영되기 때문에 학년군별 내용 요소는 학년군에서 배워야 할 필수 학습 내용이므로 성취기준 재구조화 시 기준이 될 수 있다. 따라서 성취기준의 내용 요소는 해당 학년군의 학습자가 성취기준에 도달하기 위해 반드시 학습해야 할 내용적인 필수 요소이므로 아무리 교사가 재량권을 가지고 성취기준을 재구조화한다 해도 내용 요소 자체를 생략할 수는 없다.

교과에 따라서 성취기준별로 학습 요소가 제시되어 있다. 학습 요소는 성취기준에서 학생들이 배워야 할 학습 내용을 핵심어로 제시한 것으로 학년군별 내용 요소를 바탕으로 그 구체적 기능까지 기술된 것으로 생각할 수 있다. 국어과의 [2국01-01]의 내용체계 표상 학년군별 내용 요소는 '인사말'이고 학습 요소는 '인사말 주고받기'가 그 예이다.

이러한 경우에는 학습 요소를 중심으로 내용 요소와 기능 요소 그리고 성취기준 해설을 함께 참고하여 확인하며 재구조화하는 것이 필요하다.

또 학습자의 필요나 교사의 의도, 수업의 상황 등에 따라 학습 요소를 중심으로 일부 내용 요소나 기능 요소를 수정하여 제시할 수는 있지만, 이때에도 학습 요소와 연결된 내용 요소의 중요한 코어(Core)가 되는 개념을 종합적으로 고려되어야 한다. 그렇다면 이와 반대의 경우는 어떨까?

만약 기존 성취기준에 내용 요소 일부를 추가하는 일이 생긴다고 하더라도 내용의 일부 추가로 인해 학생의 학습 및 평가가 가중되지 않도록 하는 것이 중요하다. 학생들의 성취수준이 높은 편이거나 이전 학년에서 배운 성취기준이 포함되었을 때 내용 요소 일부나 기능 일부가 새롭게 추가되기도 하는데, 이 경우 학생들이 충분히 학습할 수 있는 차시의 배분이 필요하다.

  이렇게 성취기준 목적에 따라 재구조화 유형을 결정하고, 내용 요소와 학습 요소가 빠지지 않도록 재구조화하였다면 차시별 수업과 평가의 내용과 방법을 결정할 수 있다.

성취기준 A		성취기준 B	
성취기준	[2국01-01] 상황에 어울리는 인사말을 주고받는다	성취기준	[2국01-06] 바르고 고운 말을 사용하여 말하는 태도를 지닌다.
지식	(상황에 어울리는) **인사말**	지식	바르고 고운 말
		기능	**표현 · 전달하기**
기능	표현 · 전달하기	태도	바르고 고운 말을 사용하여 말하는 태도
핵심개념	친교 · 정서 표현	핵심개념	듣기 · 말하기의 태도
내용 요소	**인사말**	내용 요소	**바르고 고운말**
학습 요소	**인사말 주고받기**	학습 요소	**바르고 고운말 사용하기**

〈재구조화된 성취기준 C (유형: +)〉
바르고 고운 말을 사용하여 상황에 어울리는 인사말을 주고받는다. 성취기준 B 내용 요소   성취기준 A 내용 요소
〈수업 흐름〉

	국어 1학년 1학기 5. 다정하게 인사해요(10차시→7차시) (★:평가)
1차시	인사를 한 경험을 떠올려보기
2차시	바르고 고운 말로 인사를 해야 하는 이유 알아보기 (인사하며 기분 좋았던 경험과 기분 나빴던 경험 나누기)
3차시	바르고 고운 말로 인사하기 (표정이나 말투, 행동)
4~5차시	상황에 맞는 인사말을 알아보고 익히기
6~7차시	바르고 고운말을 사용하여 상황에 맞는 인사말 하기(역할놀이) (★)

내용 요소를 생략하지 않은 재구조화 사례: 미술 교과

성취기준 A	
성취기준	[6수02-03] 선대칭도형과 점대칭도형을 이해하고 그릴 수 있다.
지식	**선대칭도형과 점대칭도형**
기능	그리기
핵심개념	평면도형
내용 요소	**대칭**
학습 요소	**점대칭도형, 선대칭도형**

성취기준 B	
성취기준	[6미02-04] 조형 원리(반복, 대칭 등)의 특징을 탐색하고, 표현 의도에 적합하게 활용할 수 있다.
지식	**조형 원리의 특징**
기능	표현하기
핵심개념	제작
내용 요소	**조형 원리**
학습 요소	**조형 원리**

〈재구조화된 성취기준 C (유형: ×)〉

<u>선대칭도형과 점대칭도형</u>의 성질을 이해하고 이를 활용하여 <u>조형 원리</u>가 반영된 나만의 작품으로 표현할 수 있다.

성취기준 A 내용 요소   성취기준 B 내용 요소

〈수업 흐름〉
수학 3. 합동과 대칭(5차시) / 11. 규칙과 원리를 품은 미술(4차시)(9차시→8차시) (★:평가)

1차시	미술 작품에서 선대칭도형을 찾고 선대칭도형의 성질 이해하기
2차시	미술 작품에서 점대칭도형을 찾고 점대칭도형의 성질 이해하기
3차시	그리고 싶은 도형(미술 작품) 구상하기 및 그리기
4~5차시	그린 도형으로 선대칭도형/점대칭도형으로 배열하여 미술 작품 만들기 (★)
6~7차시	작품 감상하기 및 작품 의도 설명하기 (★)

✎ 전문적 학습공동체를 적극적으로 활용하자

전문적 학습공동체에서 학교 동료들과 함께 재구조화를 한다면 앞서 언급했던 유의점들을 효과적으로 해결할 수 있다. 동료 교사들과 함께 집단 지성을 발휘하여 성취기준을 분석하고 통합하여 수업을 설계하는 과정에서 수업의 목적이 뚜렷해지고 내용 요소를 함께 검토하여 임의로 삭제하는 실수를 방지할 수 있다. 또한, 학습 요소가 추가되는 경우에도 선행학습에 해당하는지, 학습자의 수준에 적정한지에 대한 검토의 과정도 이루어질 수 있다. 전문적 학습공동체를 통해 재구조화된 성취기준의 완성도와 타당도가 높아지며 교사들의 역량을 함께 기를 수 있는 것이다.

전문적 학습공동체에서 성취기준 재구조화를 어떻게 준비할까요?

수업 연구와 실천은 단위 수업이 아닌, '교육과정'이라는 전체적 맥락 속에서 이루어져야 하며, 그 자체가 교사의 일상이 되어야 한다.

교육과정이라는 전체 맥락에서 '한 학기'나 '일 년'의 교사 교육과정을 설계하고자 할 때 성취기준 재구조화는 필수적일 것이다.

학생생활기록부 기재요령에 따르면 성취기준 재구조화는 학년교과협의 회를 통해 재구조화할 수 있다는 조건이 있다.

전문적 학습공동체의 공동연구 실천 주제를 성취기준 재구조화로 선정 하여 1년간 탐구해 보자. 그리고 교육과정을 재구성하며 수업에서 실천 하고 다시 전문적 학습공동체에서 성찰해보자. 이로써, 학년(교과)협의회, 즉 전문적 학습공동체를 통해 재구조화의 타당성과 완성도를 높일 수 있 을 것이다.

전문적 학습공동체는 교육과정 운영과 그 시기를 같이 하여 생성과 설계 그리고 실천으로 이어지며, 실천 후 반성을 통한 차기 년도(학기) 전문적 학습공동체 운영에 대한 생성과 설계로 이어진다.

전문적 학습공동체가 교사의 삶에서 일상이 되기 위해서는 먼저 불필요한 형식에서 벗어나, 되도록 예외 없이 습관이 될 수 있도록 고정된 날짜에 다른 행사와 중복되지 않도록 연속적으로 운영하는 것이 좋다.

이를 바탕으로 성취기준 재구조화를 중심으로 한, 일 년간의 전문적 학습공동체 운영에 대한 로드맵은 다음과 같다.

 성취기준 재구조화를 위한 전문적 학습공동체 운영 계획

구분	주요 내용
성취기준 읽기 및 탐색 (2~3월)	» **[새 학년 맞이 주간] 성취기준 재구조화를 위한 학년 중심의 전문적학습 공동체 구축** » 전문적 학습공동체 공동연구 실천 주제 선정 - ○학년 성취기준 재구조화를 통한 학생 중심 수업의 실천 » 성취기준 읽기(국가수준 교육과정 및 해설서) - 학년에서 다룰 교과의 성취기준과 그에 따른 내용 요소(학습 요소) 탐색 하기 - 학년의 중점 교육 및 특색 교육 선정하기 및 관련 성취기준 추출하기

성취기준 재구조화 (2~3월, 수시)	» [새 학년 맞이 주간 및 3월 한 달] 성취기준 재구조화를 위한 집중 운영 » 성취기준 재구조화 목적 분명히 하기 – 학년의 중점 교육 및 특색 교육과 관련한 성취기준 재구조화하기 » 성취기준의 유형 결정하기 – 재구조화의 목적(수업 의도, 학습 상황, 학습자 수준 등)에 따라 유형(+, –, ×, ÷) 결정하기 – 공동사고를 통한 성취기준 재구조화의 관점에서 연간 수업 구상하기
학기 중 수업 및 평가 계획 (3월~)	» [매주 ○요일 15:00~] 학년 중심의 전문적 학습공동체 운영 및 수업 계 획 수립 » 재구조화된 성취기준을 적용한 수업 및 평가 계획 – 성취기준 재구조화에 따른 수업 목표, 내용, 방법 선정하기 – 교-수-평-기 일체화의 관점에서 평가 문항 개발하기
실천 및 성찰 (연중, 7, 12월)	» [연중] 성취기준 재구조화에 따른 배움 중심 수업 실천 및 성찰 – 성취기준 재구조화의 목적과 유형에 따른 배움 중심 수업 적용하기 – 수업 실천 과정에서의 반성 및 피드백으로 반영점 모색하기 » [매월 첫 번째 수요일] 수석교사와 함께하는 연수 및 중간 사례 나눔 » [7월, 12월] 전 교원이 함께 모여 실천 사례 나눔 – 성취기준 재구조화-교육과정 재구성-수업-평가-기록의 일체화 관점에 서 나눔 » 학기별 전문적 학습공동체 운영 과정 성찰 및 피드백을 통한 반영점 모색

그렇다면 전문적 학습공동체를 운영하며 성취기준을 재구조화하는 과정에서 확인할 내용이나 유의해야 할 내용은 없을까? 또, 수업에 적용하며 실천할 때 그리고 동료의 수업을 참관할 때 중점적으로 확인할 내용은 없을까?

전문적 학습공동체 운영과 수업 적용에서 성취기준 재구조화의 단계별로 점검해야 할 것들을 체크리스트로 살펴보자.

 성취기준 재구조화 단계별 점검 체크리스트

순	단계	내용	비고
1	읽기 및 탐색	성취기준 재구조화가 필요한 부분과 그 이유는 무엇인가?	
2		학년, 학급, 교과 간 연계성을 고려하였는가?	
3	성취 기준 재구조화	재구조화된 성취기준에서 내용 요소는 생략되지 않았는가?	
4		재구조화된 성취기준이 학습량에 부담을 주지는 않았는가?	
5		재구조화된 성취기준이 실제 평가의 상황에서 준거로 사용하도록 구체적이고 명료화되었는가?	
6		성취기준 재구조화의 목적이 분명한가?	
7		학습자의 성향 및 수준, 교과의 특성 등을 고려하여 목적에 맞는 성취기준 재구조화의 유형을 결정하였는가?	
8	수업 및 평가계획	재구조화된 성취기준을 반영한 학습 목표를 설정하였는가?	
9		학생이 성취기준에 충분히 도달할 수 있는 활동인가?	
10		학습과 평가 부담이 가중되지 않는가?	
11		재구조화된 성취기준-수업-평가-기록이 일체화되었는가?	
12	실천 및 성찰	학생에게 즉각적인 피드백을 제공하고 있는가?	
13		재구조화된 성취기준의 도달 여부를 판단할 수 있도록 평가하는가?	
14		학생들이 충분히 재구조화된 성취기준에 도달하였는가?	
15		재구조화된 성취기준이 학생들의 활동의 질·양적 효율성을 높이고 있는가?	

기본적으로 성취기준을 재구조화하기 위해서는 전문적 학습공동체가 필수 조건이 되어야 한다. 전문적 학습공동체에서 함께 재구조화를 협의하는 과정에서 예상되는 각종 오류를 줄일 수 있기 때문이다. 전문적 학습공동체를 통해 성취기준 재구조화와 수업의 완성도를 높이려는 노력이 필요하다.

재구조화된 성취기준은
어떻게 평가하나요?

평가 패러다임이 변한 이후 수업과 평가는 하나의 관점에서 이해되기 시작했다. 수업의 과정에서 평가가 이루어지며 수업이 곧 평가고 평가가 곧 수업이다. 수업과 평가는 서로 다른 무엇이 아니라 상호작용하며 유기적으로 작동한다. 우리는 이를 과정중심평가 또는 성장중심평가라 부른다.

재구조화된 성취기준을 기반으로 수업이 이루어졌다면 평가도 자연스럽게 연결되어 진행된다. 재구조화된 성취기준이 그에 걸맞은 새로운 수업을 만들어내고, 그 수업의 범주 안에서 과정 중심의 평가가 이루어지므로, 재구조화된 성취기준은 수업뿐만 아니라 평가와도 긴밀히 연계된 것이다.

과정중심평가에 대한 기본적인 지식과 방법은 재구조화된 성취기준과 수업에 동일한 원리로 적용할 수 있으므로 특별한 평가 방법이나 이해가 필요하지 않다. 성취기준에 대한 이해와 성취기준과 평가의 관계만 바르게 알고 있으면 충분하다. 하지만 성취기준을 재구조화하여 기술하는 과정에서 기존 성취기준에 명확히 드러났던 지식, 기능, 태도가 더 복잡하게 진술되거나 성취기준이 갖추어야 할 구성 요소를 충족시키지 못하여 평가를 어렵게 만들 수도 있기에 몇 가지 내용을 함께 살펴볼 필요가 있다.

✎ **무엇을 평가할 것인가:**
재구조화된 성취기준의 지식, 기능, 태도 명료화하기

성취기준은 기본적으로 수업과 평가할 내용을 담고 있다. 이는 지식, 기능, 태도의 형태로 기술되어 있는데, 성취기준을 재구조화하는 과정에서 해당 요소가 모호하게 진술되어 있거나 누락될 수 있다. 성취기준을 재구조화하더라도 해당 요소를 주의 깊게 이해하고 수업을 설계하고 평가해야 한다.

기존 성취기준	[6사06-01] 다양한 경제 활동 사례를 통해 가계와 기업의 경제적 역할을 파악하고 가계와 기업의 합리적 선택 방법을 탐색한다.
재구조화된 성취기준	가정과 이웃의 경제 활동 사례를 통해 기업의 경제적 역할을 파악하고 가계와 기업의 합리적 선택 방법을 탐색한다.
재구조화 이유	학생의 경험 범위 내에서 경제 활동 사례를 추출하여 수업의 제재로 삼기 위함

기존 성취기준에서 평가 요소	재구조화된 성취기준의 평가 요소
가계와 기업의 경제적 역할을 이해하는가? 가계와 기업의 합리적 선택 방법을 탐색할 수 있는가?	가정과 이웃의 경제 활동 사례를 통해 가계와 기업의 역할을 이해하는가? 경험을 기초로 합리적 선택 방법을 탐색할 수 있는가?

[재구조화된 성취기준 및 평가 요소 변경 예시자료]

　재구조화된 성취기준에서 가르치고자 하는 지식, 기능, 태도는 무엇인지 명확히 파악한 후 수업과 평가를 설계하고 적용해야 한다. 성취기준 재구조화 정도에 따라 기존 성취기준과 유사하기도 하고 때론 상당한 차이가 날 수도 있다. 차이가 클수록 무엇을 평가할 것인지 분명히 이해하는 과정은 매우 중요하다고 볼 수 있다. 이 과정에서 재구조화된 수업의 평가 타당성이 보장될 수 있기 때문이다.

✎ 어떻게 평가할 것인가:
재구조화된 성취기준의 평가 유형과 방법 선정하기

성취기준과 수업 내용에서 평가 유형과 방법이 결정된다. 평가 유형은 지필 또는 수행으로 구분할 수 있고, 평가 방법은 지필평가라면 완성형, 서술형, 논술형 등이 있고 수행평가라면 관찰, 실험, 토의, 보고서 등이 있다.

재구조화된 성취기준에 적합한 평가 유형과 방법을 선정할 때 배움의 효과를 높이고 교-수-평-기 일체화가 가능하다. 아래 활용된 사례를 살펴보자.

재구조화된 성취기준	상황에 맞게 듣는 이를 생각하며 적절한 말과 행동으로 표현한다.

위 성취기준은 지식 이해 중심으로 수업이 설계되어서는 안된다. 실질적인 상황에서 말과 행동으로 표현하는 과정을 몸으로 체득하고 기능으로 활용될 수 있도록 수업이 설계되고 적용되어야 성취기준의 의도를 달성했다고 볼 수 있다. 평가 역시 마찬가지다. 실제 상황에서 사용하는 장면을 평가 도구로 활용해야지 상황에 적합한 말하기 방법을 지필평가로 치러서는 안 된다. 따라서 위 제시된 재구조화된 성취기준 즉, 적절한 말과 행동 표현을 올바르게 평가하기 위해서는 구술, 관찰, 체크리스트 등의 수행평가

로 평가하는 것이 적절하다. 따라서 교사는 재구조화된 성취기준을 바르게 이해하고 이를 수업으로 구현하며, 수업에 적합한 평가 유형과 방법으로 학생의 배움을 촉진하고 성취기준 도달될 수 있도록 지원해야 한다.

 언제 평가할 것인가:
성취기준 도달 과정에서 평가는 언제 이루어져야 적절한가?

 과정중심평가에서 '과정'은 성취기준 도달 과정을 의미한다. 성취기준 도달 과정 중에 어느 지점에서 평가가 이루어지면 좋을까? 평가의 목적 달성에 가장 적절한 지점은 언제일까?

 단원 학습이 끝난 후 단원 평가 형태로 이루어지는 평가는 과정중심평가라 볼 수 없다. 성장을 도왔다고도 보기 어렵다. 학습이 곤란한 지점, 학습과 학습을 연결하는 마디에 적절한 평가를 통해 학습 도달 정도를 확인하고 배움을 촉진할 수 있을 것이다. 이러한 의도를 가지고 평가가 이루어져야 하며, 재구조화된 성취기준 중심 수업이라면 더욱 평가 시점에 대한 고민이 필요하다.

재구조화된 성취기준	가정과 이웃의 경제 활동 사례를 통해 기업의 경제적 역할을 파악하고 가계와 기업의 합리적 선택 방법을 탐색한다.

 위 성취기준으로 수업을 고려한 평가 시점은 다음과 같이 정해볼 수 있다.

수업의 흐름		평가 시기	평가 내용
↓	형성평가(1)	학습이 곤란한 시점에서 이뤄지는 평가	가정과 이웃의 경제 활동 사례 평가하기
	형성평가(2)		이웃의 경제활동 사례를 바탕으로 각각의 역할 파악하기
	수행평가	학습의 도달 정도를 확인과 피드백을 위한 평가	실제 경험을 기초로 합리적 선택 방법 탐색하기

　평가가 학습의 최종 결과가 아니라 배움의 과정에서 성장을 촉진하기 위해서는 그 시점이 중요하며, 특히 재구조화된 성취기준을 바탕으로 이루어지는 수업의 경우 수업의 차시와 차시, 주제와 주제를 잘 연결할 수 있도록 평가 시점이 결정되는 것이 바람직하다.

성취기준 재구조화

실천 유형별

수업 설계 사례

1학년 1학기 수학

학년 / 학기	1학년 / 1학기	관련 교과	수학
기존 성취기준	[2수01-04] 하나의 수를 두 수로 분해하고 두 수를 하나의 수로 합성하는 활동을 통하여 수 감각을 기른다.	재구조화 된 성취기준	· 하나의 수를 두 수로 분해하는 활동을 통하여 수 감각을 기른다. · 두 수를 하나의 수로 합성하는 활동을 통하여 수 감각을 기른다.

재구조화 유형 (+ - × ÷)	÷ (분할하기)	내용 요소 (필수 학습 요소)	네 자리 이하의 수	기능	수 (세기), 이해하기
성취기준 재구조화 필요성					

성취기준 재구조화 필요성	수학의 기초를 제대로 정립하기 위해서는 수학에 대한 개념을 올바르게 세우는 게 중요하다. 가르기와 모으기에 배당된 교육과정 차시는 2차시 이다. 가르기와 모으기는 수 개념 형성에 중요하므로 2차시로 부족한 경우가 많았다. 따라서 차시를 늘리고, 가르기와 모으기를 각각 다른 차시로 나누어(분할) 지도하면서 학생들이 그 개념을 좀 더 구체적이고 확실하게 정립할 수 있도록 해야 한다.
수업 의도	두 수를 모아서 하나로 만드는 것을 모으기라 하고, 숫자 하나를 두 개로 나누는 것은 가르기이다. 모으기의 개념은 덧셈의 기초가 되고 가르기의 개념은 뺄셈의 기초가 된다. 즉, 모으기와 가르기가 가능해야 덧셈과 뺄셈이라는 연산이 가능해진다. 따라서 학생들은 충분한 시간을 두고 구체물을 이용하여 수를 모으고 가르는 활동을 통하여 수를 이용하여 자유자재로 가르고 모을 수 있도록 한다.

수업 디자인		
차시	학습 주제	주요 활동 (★: 평가)
1차시	2~5까지의 수 모으기	• 구체물로 수를 모으기 • 수를 이용한 모으기
2차시	6~9까지의 수 모으기	• 구체물로 수를 모으기(★) • 수를 이용한 모으기
3차시	2~5까지의 수 가르기	• 구체물로 수를 가르기 • 수를 이용한 가르기
4차시	6~9까지의 수 가르기	• 구체물로 수를 가르기(★) • 수를 이용한 가르기

평가 기준	• 구체물을 이용하여 모으기와 가르기를 할 수 있는가?
수업 시 유의점	• 가르기를 할 때 수를 0과 수로 가르기하는 것은 추상적인 사고를 요구하는 것이므로 다루지 않는 것이 바람직하나, 학생이 답으로 찾은 경우는 인정한다. • 5를 3과 2, 2와 3으로 가르기 한 경우, 서로 다른 상황임을 이해할 수 있도록 구체물로 활동해본다.

✎ 2학년 2학기 수학

학년 / 학기	2학년 / 2학기	관련 교과	수학

기존 성취기준	[2수05-01] 분류한 자료를 표로 나타내고, 표로 나타내면 편리한 점을 말할 수 있다.	⇨	재구조화 된 성취기준	· 분류한 자료를 표로 나타내고, 표로 나타내었을 때, 쉽게 알 수 있는 점을 말할 수 있다.

재구조화 유형 (+ - × ÷)	– (대체하기)	내용 요소 (필수 학습 요소)	표	기능	표 만들기
성취기준 재구조화 필요성	분류한 원자료를 표와 그래프로 변환하여 표현하는 목적은 각각의 것으로 나타내었을 때 보다 쉽게 알 수 있는 내용이 있기 때문이다. 표로 나타내었을 때 편리한 점을 찾는 활동보다 쉽게 알 수 있는 점을 찾는 활동이 훨씬 명료하게 와닿는다. 따라서 성취기준을 보다 명료화하기 위해 빼기(대체)하여 사용할 수 있다.				
수업 의도	학생들은 원자료를 표로 나타내는 활동을 어려워하지는 않지만, 표로 나타낼 때 자료가 중복되거나 빠트리는 경우가 종종 있다. 따라서 표로 나타낸 후 전체 학생 수를 확인하게 하는 활동이 필요하다. 또, 표로 나타내는 이유와 목적을 분명히 인지할 수 있도록 원자료보다 표에서 쉽게 알 수 있는 점이 무엇인지 말할 수 있도록 하는 활동이 무엇보다 중요하다. 이는 성취기준 재구조화를 통해 더욱 명료하게 나타내어 활동의 기준을 마련하고, 이후 [2수05-03] 그래프 관련 성취기준과도 긴밀하게 연결할 수 있다.				

수업 디자인		
차시	학습 주제	주요 활동 (★: 평가)
1차시	자료를 보고 표로 나타내기	• 제시된 자료 살펴보기 • 자료에서 알 수 있는 점 이야기 나누기 • 자료를 표로 나타내는 순서 알아보기 • 자료를 표로 나타내기 • 표에서 알 수 있는 점 이야기 나누기
2 ~ 4 차시	자료를 조사하여 표로 나타내기	• 모둠(6모둠)별로 우리 반 학생들 조사하기 　– 우리 반 학생들이 좋아하는 운동/계절/게임/음식 　– 우리 반 학생들의 혈액형 　– 우리 반 학생들이 자주 가는 곳 • 모둠별로 조사한 자료를 표로 나타내기 (★) • 표로 나타내었을 때 쉽게 찾을 수 있는 사실(쉽게 알 수 있는 점) 발표하기 (★)

평가 기준	• 친구와 협력하여 조사한 자료를 표로 나타내고 표에서 더 쉽게 찾을 수 있는 사실을 말할 수 있는가?
수업 시 유의점	• 우리 반 학생들을 대상으로 조사하는 주제를 스스로 선정할 수 있도록 유도하고, 조사하고 표로 만드는 과정에서 모둠원과 협력하고 의사소통하며 활동할 수 있도록 지도한다. • 자료를 표로 변환하였을 때 원자료보다 더 쉽게 찾을 수 있는 내용 위주로 발표하게 하여 표로 나타내는 이유와 목적을 분명히 알 수 있도록 한다.

3학년 1학기 국어

학년 / 학기	3학년 / 1학기	관련 교과	국어

기존 성취기준	[4국01-03] 원인과 결과의 관계를 고려하며 듣고 말한다. [4국02-01] 문단과 글의 중심 생각을 파악한다.	재구조화 된 성취기준	· 원인과 결과의 관계를 고려하여 문단과 글의 중심 생각을 파악하고 말한다.

재구조화 유형 (+ - × ÷)	+ (연결하기)	내용 요소 (필수 학습 요소)	인과관계 중심 생각 파악	기능	맥락 이해하기
성취기준 재구조화 필요성	이야기를 듣거나 읽고 인과관계에 따라 간추려 말하는 능력을 기르는 것과 글을 읽으며 중심 생각을 파악하는 방법을 학습하는 것은 공통으로 맥락을 이해하는 수업이다. 따라서 원인과 결과의 관계가 있는 글을 활용하여 원인과 결과로 글의 중심 생각을 파악하는 수업으로 두 성취기준을 더하기(연결)하여 구성하였다.				
수업 의도	글을 읽고 일의 원인과 결과를 생각하며 인물이나 글쓴이의 의견을 파악하는 활동을 통해 단순히 파악하는 활동을 넘어 자신의 의견과 까닭을 표현하고 중심 생각을 파악한다.				

수업 디자인		
차시	학습 주제	주요 활동 (★: 평가)
1~2 차시	개념 이해하기	• 원인과 결과 알기 • 의견의 뜻 알기
3~4 차시	원인과 결과에 따라 이야기하는 방법 알기	• 글을 읽고 원인과 결과 생각하기
5~6 차시	글쓴이의 의견을 파악하는 방법 알기	• 의견을 파악하며 글 읽기 • 문단의 중심 문장 정리하기
7~8 차시	내용을 파악하며 글 읽기	• 글을 읽고 의견을 파악하여 원인과 결과에 따라 말하기(★) • 원인과 결과를 생각하며 글의 중심 생각 말하기

평가 기준	• 글을 읽고 원인과 결과의 관계를 고려하여 중심 생각을 말할 수 있는가?
수업 시 유의점	• 원인과 결과의 관계는 사실성에 근거하기보다는 원인이 된 일과 결과가 되는 일 사이의 개연성을 중심으로 지도한다. • 글쓴이의 의견은 글 제목을 보고 짐작하거나 문단의 중심 생각 정리하기, 글쓴이가 글을 쓴 목적 짐작하기 등의 활동을 하며 파악하고 특히 원인과 결과를 활용하여 찾아낼 수 있도록 지도한다.

4학년 2학기 과학 · 미술

학년 / 학기	4학년 / 2학기	관련 교과	과학, 미술

기존 성취기준	[4과11-04] 지진 발생의 원인을 이해하고 지진이 났을 때 안전하게 대처하는 방법을 토의할 수 있다. [4미01-03] 생활 속에서 다양하게 활용되고 있는 미술을 발견할 수 있다.	재구조화 된 성취기준	· 지진 발생의 원인을 이해하고 지진이 났을 때 안전하게 대처하는 방법을 토의하여 생활 속의 미술 작품으로 나타낼 수 있다.

재구조화 유형 (+ - × ÷)	÷ (분할하기)	내용 요소 (필수 학습 요소)	지진 대처 방법 미술과 생활	기능	자료의 수집 나타내기
성취기준 재구조화 필요성	지진 발생의 원인과 대처하는 방법을 토의한 후 실제 생활 속에서 이를 홍보하고 나눌 수 있는 캐릭터 또는 이모티콘 만들기 활동으로 교과 간 통합을 통해 작품을 완성하도록 성취기준을 더하기(단순 연결)하여 사용한다.				
수업 의도	지진 발생의 원인과 대처하는 방법은 상황에 따라 다양하게 나눌 수 있다. 학생들은 각종 자료와 토의를 통해서 지진 발생 시 대처하는 방법에 대해 토의한다. 지진이 발생했을 때 대처하는 방법에 관해 토의된 내용을 미술 교과와 연계하여 캐릭터 및 이모티콘 만들기 활동으로 나눔과 홍보 활동을 한다.				

수업 디자인		
차시	학습 주제	주요 활동 (★: 평가)
1차시	지진 발생의 원인 알기	• 지진 발생 모형 실험하기 • 지진이 발생하는 원인 알아보기
2차시	지진 피해의 사례 찾기	• 우리나라에서 발생한 지진 피해 사례 조사하기 • 다른 나라에서 발생한 지진 피해 사례 조사하기
3차시	지진 발생 시 대처하는 방법 토의하기	• 지진 발생 시 대처 방법 조사하기 • 지진이 발생했을 때 대처 방법을 조사해 발표하기 • 지진 대피 훈련하기
4차시	다양한 캐릭터와 이모티콘 만나기	• 주변에서 볼 수 있는 캐릭터를 소개하기 • 이모티콘의 특징 이야기하기
5차시	지진 발생 시 대처 방법을 나타내는 이모티콘 그리기	• 지진 발생 시 대처 방법을 표현하는 이모티콘 그리기(★)

평가 기준	• 지진 발생 시 대처 방법이 잘 드러나는 이모티콘으로 표현하였는가?
수업 시 유의점	• 이모티콘에 대해 흥미를 가지고 다양한 표현을 할 수 있도록 허용적인 분위기를 유도하되, 지진 발생 시 대처 방법을 주제로 효과적으로 드러날 수 있도록 안내한다.

5학년 2학기 사회

학년 / 학기	5학년 / 2학기	관련 교과	사회
기존 성취기준	[6사03-02] 불국사와 석굴암, 미륵사 등 대표적인 문화유산을 통하여 고대 사람들이 이룩한 문화의 우수성을 탐색한다. [6사03-04] 고려청자와 금속활자, 팔만대장경 등의 문화유산을 통하여 고려 시대 과학 기술과 문화의 우수성을 탐색한다. [6사04-01] 영·정조 시기의 개혁 정치와 서민 문화의 발달을 중심으로 조선 후기 사회와 문화의 변화 모습을 탐색한다.	재구조화 된 성취기준	· 시대별 대표적인 문화유산을 통하여 조상들이 이룩한 문화의 우수성을 탐색한다.

재구조화 유형 (+ - × ÷)	× (통합하기)	내용 요소 (필수 학습 요소)	고대 국가의 등장과 발전 독창적 문화를 발전시킨 고려 민족 문화를 지켜 나간 조선	기능	고대 국가의 성장과 문화 발전 고려의 문화와 과학기술 영·정조 개혁 정치
성취기준 재구조화 필요성	시대별로 국가의 건국, 발전, 쇠퇴, 문화를 중심으로 각각 분절된 형태로 학습하기보다 시대별 대표적인 문화유산과 사회의 모습을 곱하기(통합)로 유목화하여 학습하고 효율을 높인다.				
수업 의도	시대별 문화유산을 살펴보는 활동을 통하여 시대별로 문화유산을 정리할 수 있고 그 시대 사람들의 생활 모습과 생각들을 미루어 짐작할 수 있게 한다. 더불어 시대별 문화유산을 비교할 수 있도록 한다.				

수업 디자인		
차시	학습 주제	주요 활동 (★: 평가)
1~2 차시	고구려와 백제의 문화유산 알아보기	• 고분과 불교 문화유산을 중심으로 살펴보기 • 고구려와 백제의 문화유산 정리하기
3~4 차시	신라와 가야의 문화유산 알아보기	• 신라의 도읍지 경주와 가야의 철기문화를 중심으로 살펴보기 • 신라와 가야의 문화유산 정리하기
5~6 차시	고려의 문화유산 알아보기	• 귀족문화와 불교문화를 중심으로 살펴보기 • 고려의 문화유산 정리하기
7~8 차시	조선시대 서민문화 알아보기	• 글을 읽고 의견을 파악하여 원인과 결과에 따라 말하기(★) • 원인과 결과를 생각하며 글의 중심 생각 말하기
9~10 차시	시대별 문화유산 비교하기	• 시대별 대표적인 문화유산 정리하기(★) • 국립문화유산박물관 만들기(또는 문화유산 연표 만들기)

평가 기준	• 시대별 대표적인 문화유산을 정리할 수 있는가?
수업 시 유의점	• 문화의 발달이 자체적으로 발전한 면도 있지만, 그 시대 상황이나 대외 교류 속에서 변형하고 발전하는 경우가 많다는 것을 지도한다. • 문화유산이 어느 날 갑자기 만들어진 것이 아니라 오랜 시간 축적된 기술을 바탕으로 생겨난 것임을 지도한다.

6학년 1학기 과학 · 미술 · 국어

학년 / 학기	6학년 1학기	관련 교과	미술, 과학, 국어

기존 성취기준	[6과12-02] 식물의 전체적인 구조 관찰과 실험을 통해 뿌리, 줄기, 잎, 꽃의 구조와 기능을 설명할 수 있다. [6미02-03] 다양한 자료를 활용하여 아이디어와 관련된 표현 내용을 구체화할 수 있다. [6국05-01] 문학은 가치 있는 내용을 언어로 표현하여 아름다움을 느끼게 하는 활동임을 이해하고 문학 활동을 한다.	재구조화 된 성취기준	· 우리 주변에서 볼 수 있는 풀꽃에서 식물의 전체적인 구조 관찰과 실험을 통해 뿌리, 줄기, 잎, 꽃의 구조와 기능을 조사한다. 식물의 실질적인 모습을 구체적으로 표현하기 위해 다양한 자료를 활용하여 아이디어와 관련된 내용을 문학의 아름다움을 느낄 수 있는 시화로 표현한다.

재구조화 유형 (+ - × ÷)	× (융합하기)	내용 요소 (필수 학습 요소)	꽃의 구조와 기능 표현 방법과 과정의 탐색	기능	자료의 수집· 분석 및 해석, 관찰하기, 표현하기
성취기준 재구조화 필요성	식물의 구조와 기능에 대한 학습은 실제 우리 주변의 식물이 아닌 교과서에서 제시하는 식물을 검토하는 과정에 관찰 등 과학의 탐구적 요소보다는 과학적 지식의 이해에 초점이 둔 수업이 되었다. 이에 우리 주변의 식물을 직접 관찰해 보는 과학적 탐구, 다양한 요소로 표현하는 미적 표현, 시화로 나타하는 문학의 아름다움을 통합적으로 이해하기 위해 성취기준을 곱하기(융합)로 재구조화할 필요가 있었다.				
수업 의도	우리 주변에 있는 풀꽃 중에서는 장미꽃 못지않게 예쁜 꽃들이 많이 있음을 학생들에게 가르쳐주고 싶었다. 너무 작아서 가까이 가서 봐야만 예쁘다는 것을 알게 되는 풀꽃의 가치를 일깨워주고, 또 꽃의 구조와 기능을 함께 관찰 탐구하는 능력을 높이고자 하였으며, 작은 것의 소중함과 아름다움에 대해 알려주기 위해 풀꽃의 기능과 구조를 살려 시화로 표현하고자 하였다.				

수업 디자인		
차시	학습 주제	주요 활동 (★: 평가)
1차시	학교 주변 풀꽃 찾아 공유하기	• 우리 학교 주변 풀꽃을 찾아보기 • 찾은 풀꽃을 패들렛에 공유하여 소통하기
2차시	학교 주변의 풀꽃 내용 조사하기	• 다양한 매체를 활용하여 작은 풀꽃 조사하기
3차시	식물의 구조와 기능에 맞게 정리	• 풀꽃의 그림에 맞게 구조와 기능 정리하기(★)
4차시	풀꽃의 특징이 나타나도록 시 쓰는 방법을 익혀 시 쓰기	• 풀꽃을 주제로 시 쓰는 방법 알기 • 풀꽃의 구조와 기능이 나타나도록 시 쓰기
5차시	자신만의 개성을 살려 시화로 표현하기	• 시화 그리기 아이디어 생성 및 재료 선정하기 • 자신이 쓴 시와 풀꽃 그림을 그려 시화로 표현하기
6차시	풀꽃 시화 전시회 준비하기	• 풀꽃 전시회 홍보 및 전시 준비하기 • 자신의 작품 전시하기
7차시	풀꽃 전시회 열기	• 친구들과 풀꽃 전시회 감상하기 • 풀꽃 Q&A 운영 및 결과 공유하기

평가 기준	• 우리 주변의 풀꽃을 관찰하여 구조와 기능을 시화로 표현할 수 있는가?
수업 시 유의점	• 우리 주변의 작은 풀꽃의 구조와 기능을 관찰하는 관점을 사전에 안내하여 관찰하도록 한다. • 풀꽃을 주제로 한 시화 그리기 방법을 바르게 익히고 재료와 방법은 스스로 선정하도록 안내한다. • 풀꽃 전시회 과정에서 긍정적인 피드백을 통해 소통할 수 있도록 안내한다.

성취기준에 아이들을 끼워맞추기 보다

때론 우리 반 아이들에게 맞는 성취기준을 만들고

가끔은 아이들이 스스로 수업도 만들어가는

그런 멋진 교육과정을 그려 봅니다.

어렵고 힘든 시기지만

묵묵히 애쓰시는 선생님께서 계시기에

여전히 희망은 우리 곁에 있습니다.

진심으로 응원합니다.

감사합니다.